Arme-Seelen-Monat

J.-M. Girardin

Arme-Seelen-Monat

Tägliche Betrachtungen für den November

PARVIS-VERLAG
1648 Hauteville / Schweiz

© 2. Auflage Juli 2020

Parvis-Verlag
Route de l'Eglise 71
1648 Hauteville
Schweiz

Tel. 0041 26 915 93 93
Fax 0041 26 915 93 99

buchhandlung@parvis.ch
www.parvis.ch

Gedruckt in der EU

ISBN 978-3-907523-45-2

Vorwort

«Es ist ein heiliger und frommer Gedanke, für die Toten zu beten, damit sie von ihren Sünden befreit werden», so heißt es im 2. Buch der Makkabäer (2 Makk 12,45). Und es wurde sehr bald Brauch in Israel, für die Verstorbenen zu beten, an sie zu denken, und sie während dreißig Tagen zu beweinen; so «beweinten die Israeliten Moses dreißig Tage lang in der Wüste von Moab» (Dtn 34,8).

Am 2. November betet die Kirche besonders für die verstorbenen Gläubigen. Und die Frömmigkeit der Gläubigen hat diesen Novembermonat besonders den Verstorbenen geweiht, indem sie für die Erlösung der Seelen im Fegefeuer betet. Dieser «Arme-Seelen-Monat» soll das Gedenken an unsere lieben Verschiedenen und unsere Gemeinschaft mit ihnen wiedererwecken. Er soll uns zur Hilfe für sie anregen, und uns zu einem Leben ermuntern, das immer mehr nach dem Willen Gottes ist, der uns für den Himmel erschaffen hat.

Den ganzen Monat wollen wir über die Lehre der Kirche bezüglich des Fegefeuers nachdenken, über das, was die Seelen im Fegefeuer erleben, über die wirksame Hilfe, die wir ihnen bringen können. Wir wollen auch die Gründe unserer Hilfe aufzählen, was unserem Nachdenken und Handeln dienen kann.

Der Herausgeber

1. Tag: Die Heilige Schrift

Im Alten Testament bemerkt man ein Ereignis, das auf ca. 150 Jahre vor Christus zurückgeht. Nach einer Schlacht Judas des Makkabäers gegen Gorgias von Idumäa, in der der Sieg Israel zufiel, «kam man zu Judas, um die Leiber der Gefallenen aufzuheben und sie mit ihren Angehörigen in den Gräbern ihrer Väter zu begraben. Da fand man unter dem Obergewand jedes Toten Gegenstände, die den Götzen von Idumäa geweiht waren, und die das Gesetz den Juden verbot. Jetzt wurde für alle offenbar, was die Ursache ihres Todes war. Da segneten alle die Fügung des Herrn, der ein gerechter Richter ist und das Verborgene ans Licht bringt, und sie beteten darum, dass die begangene Sünde gänzlich vergeben werde. Dann ermahnte Judas die Truppe, sich vor jeder Sünde zu hüten, und stellte ihnen vor Augen, was mit denen geschehen war, die gefallen waren. Dann ließ er eine Kollekte machen, die ungefähr 2000 Drachmen ergab, und schickte sie nach Jerusalem, damit man ein Opfer für die Sünde darbringe, und handelte so ganz stark und edel nach der Auffassung von der Auferstehung. Denn, wenn er nicht gehofft hätte, dass die gefallenen Soldaten auferstehen würden, wäre es überflüssig und dumm gewesen, für die Toten zu beten, und wenn man erwartet, dass denen eine sehr schöne Belohnung vorbehalten ist, die in der Gnade entschlafen, dann war das ein heiliger und frommer Gedanke. Er ließ deshalb dieses Sühneopfer darbringen, damit sie von ihren Sünden befreit würden» (2 Makk 12,39-45). Im Neuen Testament spielt Jesus auf das Fegefeuer an, wenn er sagt: «Wer gegen den Heiligen Geist gelästert hat, dem wird nicht vergeben werden, nicht in dieser Welt und nicht in der anderen» (Mt 12,32). Damit offenbart er, dass es nach dem Tod eine Sühne für die Sünden in der anderen Welt gibt. Wenn er sagt: «Schließ schnell Frieden mit deinem Gegner, während du noch mit ihm auf dem Weg bist, sonst musst du fürchten, dass dich dein Gegner an den Richter ausliefert, und der Richter der Wache, und dass man dich ins Gefängnis wirft. Wahrlich, ich sage dir: Daher kommst du nicht heraus, bis du auch den letzten Pfennig zurückgegeben hast» (Mt 5,25-26). Der heilige Augustinus legt diese Stelle so aus: Der Gegner ist Gott, der Feind der Sünde; der Richter ist Jesus Christus, Richter über Lebende und Tote; die Wache ist der Engel der Gerechtigkeit Gottes, der der Ernte vorsteht; das Gefängnis ist das Fegefeuer, aus dem man nicht herauskommt, bis man seine Fehler ganz gesühnt hat.

Der heilige Paulus sagt, dass die Taten jedes Einzelnen sichtbar werden am Tag (des Gerichts), der sie bekannt macht, «denn es muss sich offenbaren im Feuer (des Gerichts, der Endauslese), und dieses (reinigende) Feuer wird die Güte der Werke jedes Einzelnen erproben. Wenn das Werk, das auf dem Grund (Christus) erbaut ist, standhält, wird der Arbeiter eine Belohnung empfangen (den Himmel); wenn sein Werk (was schlecht daran ist) verzehrt wird, wird er es verlieren; was ihn selbst betrifft, so wird er gerettet, aber wie durch das Feuer (des Fegefeuers)» (1 Kor 3,13-15).

Die Taufe für die Toten, von der der heilige Paulus spricht (1 Kor 15,29) würde den Glauben an das Fegefeuer voraussetzen, da sie zur Vergebung der Sünden ist, im Blick auf die Auferstehung.

Der heilige Petrus spricht vom auferstandenen Christus, «der selbst ging, um den gefangenen Seelen zu predigen, denen, die sich bis jetzt geweigert hatten, zu glauben, da sich die Geduld Gottes auch verlängerte in den Tagen, da Noah die Arche baute» (1 Petr 3,19-20).

Ermahnung

Ziehen wir Nutzen aus den Erleuchtungen Gottes, die unseren Glauben an die Wirklichkeiten des Jenseits erhellen. Sie enthüllen uns die Heiligkeit und Barmherzigkeit Gottes und die Notwendigkeit unserer beständigen Umkehr, um so rein als möglich ins Reich Gottes zu gelangen, für das Gott uns erschaffen hat. Seien wir gelehrig für alle Lichter und Eingebungen seines Heiligen Geistes, der uns führt und stärkt im Blick auf den Himmel.

Beispiel

Die Geschichte berichtet mehrere Fälle von Erscheinungen von Seelen im Fegefeuer, die bitten, man möge ihre Schulden begleichen.

Dafür hier ein Beispiel:

Pater Augustin von Espinosa, SJ, verrichtete zahlreiche Gebete, Almosen, Fasten und Abtötungen für die Seelen im Fegefeuer. Gott erlaubte oft, dass Verstorbene ihm erschienen, einerseits um ihm zu danken, andererseits um sich ihm anzuempfehlen. Eines Tages sah er einen Mann erscheinen, den er als sehr reich gekannt hat, und der ihn fragte, ob er ihn erkenne.

– Aber ja, antwortete Pater Augustin, ich habe euch wenige Tage vor euerem Tod die Beichte abgenommen.

– Das ist gut, fuhr der Verstorbene fort. Ich komme durch Erlaubnis des Heilands, euch anzuflehen, seine Gerechtigkeit zu besänftigen. Selbst kann ich dafür nichts tun, und habe gehofft, dass ihr meine demütige Bitte nicht zurückweist. Um euch Näheres zu sagen, was man tun müsste, begleitet mich einige Augenblicke.

Der Verstorbene nimmt Pater Augustin bei der Hand und führt ihn wortlos auf eine Brücke, die etwas von der Stadt entfernt liegt. Dort verschwindet er einen Augenblick und erscheint dann mit einer großen Geldbörse; und beide kehren zum Kloster zurück.

Sobald sie eingetreten sind, übergibt der Verstorbene das Geld dem Ordensmann mit einem beschriebenen Zettel und sagt dabei zu ihm:

– Dieser Zettel soll euch sagen, wem sie die Summen geben sollen, die ich schuldig bin. Er gibt auch die Werke an, die ihr zur Erleichterung meiner Seele tun lassen sollt. Was übrig bleibt, soll man für heilige und nützliche Dinge verwenden. Als er diese Worte gesprochen hat, verschwindet der Verstorbene, und der Ordensmann beeilte sich, alles seinem Oberen zu erzählen. Man ließ alle Gläubiger kommen und bezahlte sie. Von dem, was übrig blieb, ließ man Messen für den Verstorbenen lesen. Kaum waren acht Tage vergangen, da erschien der Verstorbene wieder dem Pater Augustin, während er betete. Er dankte ihm für sein schnelles Handeln und seine wohlgemeinte Genauigkeit. Er segnete ihn vor allem für die Messen, die er für ihn lesen ließ, was ihm mehr als alles andere geholfen hat, ihm die Tür des Himmels zu öffnen, auf den er zuflog, und wo er für ihn eine unvergängliche Dankbarkeit bewahrte.

Gebet

Herr, dein Wort ist Wahrheit. Es ist ein zweischneidiges Schwert, das trennt, was von dir kommt, und was nicht von dir ist. Gewähre mir, jeden Tag mein Leben danach auszurichten, und darin oft Zuflucht zu finden, denn es ist eine Lampe, die meine Schritte weist. Du hast Worte des ewigen Lebens.

Dass doch dein Wort im Herzen meiner Brüder im Fegefeuer erklingt und ihnen Licht und Erleichterung für ihre Reinigung gibt, damit sie eilends dein Loblied singen können mit allen Heiligen deines Reiches.

Herr, mögen die Seelen der verstorbenen Gläubigen durch deine Barmherzigkeit ruhen in Frieden!

2. Tag: Die Lehre der Kirche

Die Kirche verlangt von uns zu glauben:
– dass es ein Fegefeuer gibt, in dem die Seelen derer festgehalten werden, die ohne Todsünde gestorben sind und noch einen Teil ihrer zeitlichen Leiden abbüßen müssen;
– dass die Seelen im Fegefeuer am zeitlichen Verlust der glückseligen Anschauung leiden (Qual der Verdammnis), und auch an anderen schmerzvollen Qualen (Qual der Sinne);
– dass sich die Leiden der Seelen im Fegefeuer hinsichtlich der Dauer und Heftigkeit der zeitlichen Qualen nach ihrer Schuld unterscheiden, die es für jeden noch abzutragen gilt;
– dass die Qual abgekürzt und gemildert werden kann durch die Gebete und Fürbitten für diese Seelen.
Außer diesen wohl festgesetzten Punkte hat die Kirche nichts festgelegt, weder über den Ort noch über das Wesen noch über die Dauer der Leiden im Fegefeuer.

Das 2. Konzil von Lyon (1274) und dann das Konzil von Florenz (1439) erklären:
«Wenn Menschen wirklich reumütig in der Gnade sterben, bevor sie durch würdige Früchte der Umkehr für ihre Tat- oder Unterlassungssünden Genüge tun konnten, werden ihre Seelen nach dem Tod durch Läuterungsqualen gereinigt. Und zur Befreiung von diesen

Qualen helfen ihnen die Fürbitten der lebenden Gläubigen, das heißt, Messen, Gebete, Almosen und andere fromme Werke, die die Gläubigen gewöhnlich auch für die anderen Gläubigen verrichten.»

Das Konzil von Trient (1563) erklärt:
«Es gibt das Fegefeuer, und die Seelen, die darin festgehalten werden, empfangen Erleichterung durch die Fürbitten der Gläubigen, besonders durch das Opfer des Altares... Man soll die Fürbitten mit Frömmigkeit und Demut verrichten.» «Dass das, was man den verstorbenen Gläubigen auf Grund testamentarischer Stiftungen oder jeglicher anderen Anordnung schuldet, die Sorgfalt und Genauigkeit ausgeführt werden soll.»

Das 2. Vatikanische Konzil (1964) versichert:
«Diesen verehrungswürdigen Glauben unserer Vorfahren an unsere lebendige Gemeinschaft mit unseren Brüdern, die in der Glorie des Himmels sind, oder nach dem Tode noch der Läuterung unterworfen sind, nimmt das heilige Konzil mit großer Ehrfurcht an, und stellt uns von neuem die Dekrete der heiligen Konzilien von Nicäa II, von Florenz und Trient vor Augen.»

Der katholische Katechismus sagt:
«Die Gemeinschaft der Heiligen erstreckt sich auch auf die Seelen im Fegefeuer, in dem Sinn, dass, einerseits wir ihnen helfen können durch unsere Fürbitte, das heißt das heilige Messopfer, die Ablässe, die Gebete, Almosen und jegliches Werk der Frömmigkeit und Buße, und an-

dererseits diese Seelen uns zu Hilfe kommen durch ihre Gebete bei Gott.»

«Im Fegefeuer erfährt die Seele zeitliche Qualen, die durch ihre Sünden bedingt sind, und die in diesem Leben nicht ganz abgegolten worden sind, bis die Seele der göttlichen Gerechtigkeit ganz Genüge getan hat und so zum Paradies zugelassen wird.»

«Im Fegefeuer wird die Seele mit der Qual der Verdammnis und der Qual der Sinne bestraft, das heißt dem zeitlichen Verlust der glückseligen Anschauung und anderen schweren Züchtigungen...»

«Die Qualen der Seelen im Fegefeuer sind nicht für alle gleich, sondern unterscheiden sich untereinander an Heftigkeit und Dauer, nach leichter Sünde und zeitlicher Qual, die jeder Seele zusteht. Außerdem können sie abgekürzt und gemildert werden durch die Fürbitten, die man für diese Seelen verrichtet...»

«Nach dem allgemeinen Gericht hört das Fegefeuer auf, und alle Seelen, die dort festgehalten waren, und nach der von Gott festgesetzten Art Genüge getan haben, werden ins Paradies aufgenommen.»

Ermahnung

Mögen die Erleuchtungen über das Fegefeuer, wie sie uns von der Kirche gegeben werden, unseren Glauben an die Wirklichkeit des Jenseits erleuchten, und unsere Hoffnung auf das ewige Leben unserer Angehörigen und Freunde stärken.

Beispiel

«Der Menschensohn wird jedem nach seinen Werken zu-messen» (Mt 16,27). Die Sühne im anderen Leben steht im Verhältnis zu den Sünden, die in diesem Leben begangen worden sind. Man sieht das gut an dem, was dem heiligen Corporan, Bischof von Irland (9. Jh.), enthüllt worden ist.

Dieser Seelenhirte hielt sich nach der Vesper in einer Kirche zum Gebet auf; da sah er plötzlich, wie eine Seele, in Nebeln und abstoßend, in eigenartige Kleidung ge-hüllt, vor ihn trat. Dieses Wesen trug eine Halskette von Flammen und ein Stück Mantel, der nur einen Arm und die Schultern bedeckte. Corporan fragte dieses Wesen, wer es sei.

– Ich bin eine Seele, die ins andere Leben gegangen ist.

– Und woher kommt deine abstoßende Unförmigkeit?

– Meine Fehler haben mir diese Bestrafung zugezogen, sagte der Verstorbene. Obwohl ihr mich in einem so be-dauernswerten Zustand sieht, wisset doch, dass ich Ma-lachias, ehemals König von Irland, bin. Ich hätte an dem Platz, wo ich war, viel Gutes tun können, und ich habe es versäumt zu tun.

– Ich glaubte, ihr hättet eine vollkommene Buße geleis-tet für alle Fehler eures Lebens, erstaunte sich Corporan.

– Ach, antwortete der König, ich wollte meinem Beichtva-ter nicht gehorchen; ich wollte ihn meinen Launen geneigt machen und schämte mich nicht, ihm dafür einen golde-nen Ring zu geben. Und jetzt trage ich deswegen einen Ring von Feuer um den Hals; er brennt mich grausam und hält mich wie einen Gefangenen. Dieser schwache Beichtvater könnte mir nicht helfen, denn er trägt einen noch schmerzhafteren und brennenderen Halsring.

Der heilige Bischof erkannte die göttliche Gerechtigkeit, da der Mensch mit dem bestraft wurde, womit er gesündigt hatte. Er wollte die Bedeutung dieses schmutzigen und zerrissenen Mantels wissen. Der König antwortete, dass das eine Züchtigung für ein schlecht verrichtetes Liebeswerk ist.

– Ein Bettler, der nackt war, kam, um mich um ein Almosen zu bitten, und ich schickte ihn zur Königin, die wenig mitleidig, ihm nur diese Art Sack gab, mit dem ich bekleidet bin zu meiner Beschämung.

– Warum erscheint ihr mir, und was erwartet ihr von mir, fragte Corporan.

– Ich wurde geplagt von den Dämonen, sagte er. Sie ließen mich tausend Qualen erdulden, als sie der Gesang der Vesper, den sie nicht ertragen können, in die Flucht trieb; sie haben mich für einen Augenblick an diesem Platz gelassen, und Gott erlaubt, dass ich mich euch zeige, um euch zu bitten, für mich zu beten.

Schließlich rief er aus:

– Ach! Ach! Die Dämonen kommen zurück! Aber bevor ich euch verlasse, möchte ich euch noch sagen, wo ich hundert Unzen Gold und tausend Unzen Silber versteckt habe. Ihr könnt damit tun, was ihr wollt.

– Nein, nein, antwortete Corporan, ich will keine anderen Reichtümer als die des Himmels. Das soll mich nicht daran hindern, für euch alles zu tun, was ich kann.

Und die Seele des Königs entschwand und sprach dabei mit fester Stimme diese Worte: «Unglück! Unglück für den, der das Gute nicht tut, während ihm die Zeit dafür gegeben ist.» Dann versammelte der Bischof seine Priester, erzählte ihnen diese Schau und fragte sie, was man für den König und seinen Beichtvater am besten tun könne. Man beschloss, dass der Bischof für den König und die Priester für seinen Beichtvater eintreten sollten, durch Messen, Fasten und Gebete für seine Erlösung.

Sechs Monate hielten sie treu daran fest, da zeigte sich der König von neuem dem Bischof, halb erleichtert, er litt nicht mehr so strenge Qualen.

Man fuhr fort zu beten, Messen zu lesen und Buße zu tun, und der König Malachias zeigte sich dem Bischof ein drittes Mal: Er war in dieser Erscheinung ganz strahlend und herrlich. Er sagte zu seinem Wohltäter, dass er ins Paradies aufsteigen werde und niemals vergäße, was er für ihn getan hat. Er fügte hinzu, dass sein ehemaliger Beichtvater ihm am Montag folgen würde, dank der Gebete und Opfer der Priester der Kathedrale.

Gebet

Mein Gott, ich glaube ganz fest an alles, was du uns durch deine Kirche lehrst. Ich glaube an das Fegefeuer, denn dein Geist der Wahrheit hat es enthüllt als Zeichen deiner Barmherzigkeit für unser Heil und unsere endgültige Reinigung. Du kannst uns nicht täuschen, und dein Geist führt uns zur vollen Wahrheit.

Herr, mögen die Seelen der verstorbenen Gläubigen durch deine Barmherzigkeit ruhen in Frieden.

3. Tag: Die Überlieferung der Kirche

Die Schriften der Väter und Doktoren der Kirche sind reich an Stellen, die den Glauben an das Fegefeuer und die Hilfe durch das Gebet für die Toten bezeugen. Hier seien, um sich davon zu überzeugen, einige Stellen ihrer Schriften angeführt.

Tertullian (155-222): «Wir bringen Opfer dar für die Toten und für die Märtyrer am Jahrestag ihres Todes. Die Überlieferung bezeugt diese Praxis, die in Übung ist, der Brauch bestätigt sie, und der Glaube beachtet sie.»

Der heilige Athanasius von Alexandrien (295-373): «Die leidenden Seelen, die im Schoß der Erde eingeschlossen sind, riechen den Duft unserer Gebete und Opfer, die man für sie darbringt, sodass sie stark getröstet werden und eher zum Himmel fliegen.»

Der heilige Ephraim (306-373): «Wenn meine Seele von meinem Körper gegangen ist, begleitet sie mit euren Gebeten. Erinnert euch an mich auch noch am dreißigsten Tag, denn die Toten empfangen große Hilfe von den Gebeten und Verrichtungen der Lebenden.»

Der heilige Cyrill von Jerusalem (315-386): «Wir beten auch für jene unserer Brüder, die vor uns von dieser Welt geschieden sind, da wir davon überzeugt sind, dass ihre

Seelen Erleichterung empfangen durch die Gebete, die man für sie beim heiligen Opfer darbringt...»

Der heilige Gregor von Nyssa (335-394): «Der Geist, der den Körper verlassen hat, kann nicht Anteil erhalten am göttlichen Leben, bevor das Läuterungsfeuer nicht die Flecken entfernt hat, die seiner Seele noch anhaften.»

Der heilige Johannes Chrysostomus (344-407): «Wir spenden den Armen großzügig für unsere Toten; Gott wollte das so, um uns zur gegenseitigen Hilfe zu verpflichten.»

Der heilige Augustinus (354-430): «Helft diesen darbenden Seelen, deren Qualen unvergleichbar größer sind als alles, was man in diesem Leben erleiden kann. Könnt ihr zweifeln daran, dass die Werke der Barmherzigkeit sehr helfen, da doch die Gebete, die nur ein Seufzer sind, für sie schon eine mächtige Hilfe sind? Was das heilige Opfer anbelangt, so kann man nicht beschreiben, welche Erfrischung es ihnen inmitten der Flammen, die sie läutern, verschafft.»

Der heilige Cäsarius von Arles (470-543): «Wenn wir unsere Sünden nicht freikaufen durch gute Werke, müssten wir in diesem Läuterungsfeuer so lange bleiben, bis sich diese leichten Sünden wie Holz, Stroh oder Wachs auflösen.»

Der heilige Gregor der Große (540-604): «Ich weiß, dass beim Verlassen dieser Welt die einen durch das reinigende Feuer geläutert werden, die anderen aber zu ewigem Feuer verdammt sind.»

Der heilige Johannes von Damaskus (650-750): «Was haben die Heiligen nicht alles erfunden, um Mittel zu finden, wie sie den Seelen der Verstorbenen helfen können!»

Der heilige Anselm (1033-1109): «Nach dem Tode ist die geringste Qual, die uns im Fegefeuer erwartet, viel größer als alles, was man sich hienieden vorstellen kann.»

Der heilige Thomas von Aquin (1225-1274): «Die Gebete, die man für die Toten verrichtet, werden von Gott besser aufgenommen und öfter erhört als die, die man für die Lebenden verrichtet, denn die Toten brauchen diese Hilfe dringender, da sie sich nicht selbst helfen können wie die Lebenden, und sich verdienen können, dass Gott sie erleichtert.»

Die heilige Katharina von Genua (1447-1510): «Wenn die Seele vom Körper getrennt ist, und nicht so rein ist, wie Gott sie erschaffen hat, sieht sie in sich ein Hindernis, und weiß, dass sie nur durch das Mittel des Fegefeuers davon befreit werden kann; darum stürzt sie sich großherzig hinein. Wenn sie dieses Mittel nicht fände, das von Gott eingerichtet ist, um sie von diesem Hindernis zu befreien, würde sich augenblicklich in ihr eine Hölle bilden, die schlimmer ist als das Fegefeuer, da sie sich verhindert sähe, ihr Ziel zu erreichen, das Gott ist.»

Der heilige Johannes vom Kreuz (1542-1591): «Sobald die Seele von ihren Unvollkommenheiten geläutert ist, hört sie auf zu leiden, und es bleibt ihr nur die Glückseligkeit.»

Ermahnung

So viele andere heilige Doktoren und Väter der Kirche haben uns eine genaue und ausführliche Lehre über das Fegefeuer hinterlassen und machten uns so für die Wirklichkeit des Jenseits empfänglich, für die wir nicht gleichgültig sein können, da sie uns sehr stark betrifft. Hören wir darauf, was sie sagen und ziehen wir Nutzen daraus für uns selbst und für unsere Verstorbenen.

Beispiel

Der heilige Hieronymus wirft denen vergeblichen Luxus vor, die große Begräbnisse für ihre Verstorbenen wollen, weil nämlich «das Gebet des Demütigen zum Himmel dringt» (Sir 35,21). Ein großer Herr von Venedig schickte eines Tages eine bedeutende Summe von Golddukaten an den Pater Monterfane, Theatiner, damit er einen Gottesdienst für die Vorfahren seiner Familie halte. Der Ordensmann machte die Sache sehr einfach.

Der Auftraggeber fand, dass nicht genug pompöse Zeremonie bei dem Gottesdienst war, denn er schickte einen Diener zum Ordensmann, um sich zu beklagen, dass dieser Gottesdienst zu einfach war. Der Ordensmann sah, dass er es mit einem Menschen zu tun hatte, der mehr auf die Erscheinung als auf die tiefere Wirklichkeit bedacht war, und er suchte einen Weg, wie er ihn zu wahrhaftigeren Gefühlen und einem frömmeren Verhalten führen könne. So lud er den Diener ein, ihm ins Nebenzimmer zu folgen. Er nahm die Summe Goldes, die er von seinem Herrn erhalten hatte, und legte sie auf eine Schale der Waage; dann schrieb er das *De profundis* auf einen kleinen Zettel, den er auf die andere Waagschale legte. O Wunder! Die Schale ging nach oben! Zweimal machte man die Probe und zweimal brachte sie dasselbe Ergebnis.

Der Diener, von Furcht ergriffen, machte das Kreuzzeichen und eilte, das seinem Herrn zu erzählen, der sehr erstaunt war. Da segnete dieser Herr Gott, der ihn erkennen ließ, dass das kleinste Gebet mehr wiegt als alle Schätze der Welt. Zum Gedächtnis daran ließ er das Wunder auf einem Bild darstellen.

Gebet

Herr, deine Heiligen und Doktoren lehren uns während Jahrhunderten die Wirklichkeit des Fegefeuers und den Wert dessen, womit wir den Seelen, die auf dem Weg der Läuterung sind, helfen können. Gewähre uns, dass unser Glaube durch ihre Schriften erleuchtet werde, und wir ihren Ratschlägen zu einer richtigen und wahren Barmherzigkeit gegen die leidenden Seelen im Fegefeuer folgen. Ihre Lehren, die durch deine Gnade erleuchtet sind, mögen in uns die Freude daran erwecken, aufmerksam für die Bedürfnisse unserer Brüder im Fegefeuer zu sein, und unser Möglichstes zu tun, um ihnen zu helfen, zu ihrer Freude und zu deinem Ruhm. Herr, mögen die Seelen der verstorbenen Gläubigen durch deine Barmherzigkeit ruhen in Frieden.

4. Tag: Das Gebet der Kirche

Seit Jahrhunderten betet die Kirche bei jeder Eucharistie für die Verstorbenen. Sie macht sich daraus eine Pflicht, wohl wissend, wie sie die Befreiung der Seelen im Fegefeuer befördern kann zum Glück der Seelen und zum Ruhme Gottes. Sie ist sich ihrer Macht bei Gott zugunsten dieser Seelen bewusst. Sie drückt ihr Gebet zu Gott auf verschiedene Weisen nach der Konsekration aus:

«Gedenke Herr deiner Diener (N.N.), die uns im Glauben vorausgegangen sind, und die in Frieden schlafen. Für sie, und für alle, die in Christus ruhen, rufen wir deine Güte an; mögen sie in die Freude, den Frieden und das Licht eingehen» (Eucharistiegebet 1).

«Gedenke auch unserer Brüder, die entschlafen sind in der Hoffnung auf die Auferstehung, und aller Menschen, die aus dieser Welt geschieden sind; nimm sie auf in dein Licht, bei dir» (E.G. 2).

«Wir bitten dich für unsere verstorbenen Brüder, für die Menschen, die aus dieser Welt geschieden sind und deren Verdienst du kennst; nimm sie auf in dein Reich, wo wir alle hoffen, mit deiner Glorie gekrönt zu sein in alle Ewigkeit» (E.G. 3).

«Gedenke auch unserer Brüder, die im Frieden Christi gestorben sind, und aller Toten, deren Glauben nur du kennst» (E.G. 4).

«...mit unseren Brüdern, die verstorben sind, und die wir deiner Barmherzigkeit anempfehlen.»

«...Wir bitten dich für jene, die zu dir gegangen sind.»

«...Gedenke jener, die gestorben sind, empfange sie in Liebe in deinem Haus...

Seit Anfang des 11. Jahrhunderts hat die Kirche einen besonderen Tag des Gebetes für die Verstorbenen festgesetzt: den 2. November. Das ist ein besonderer Tag der Fürsprache für die Verstorbenen. Das entspricht auch einem tiefen Bedürfnis des Menschen danach, sich seiner Toten zu erinnern, denn es gab immer schon den Kult für die Toten.

Man ruft sich das Leben derer ins Gedächtnis zurück, die uns vorausgegangen sind, ihre Liebe, die unsere Welt aufgebaut hat. Für den Tag des Begräbnisses hat die Kirche eine ganze Gebetsliturgie des Nachsinnens und der Fürsprache, die ihren Glauben und ihr Vertrauen auf die Barmherzigkeit Gottes für den Verstorbenen ausdrückt, und Gott dafür die Ehre gibt, «denn für alle, die an dich glauben, Herr, wird das Leben nur gewandelt, nicht genommen; und wenn ihre irdische Pilgerschaft zu Ende ist, ist ihnen im Himmel schon eine ewige Wohnung bereitet... Und wenn uns auch das Gesetz des Todes niederwirft, so tröstet uns doch die Zuversicht auf die Unsterblichkeit» (Eingang).

Man umgibt das Grab der Verstorbenen mit sehr viel Achtung; man segnet den Ort, wo sie ruhen; man segnet ihre Überreste bei jedem Besuch, den man ihnen macht, um sich an sie zu erinnern und für sie zu beten; man errichtet ein Kreuz, das wie ein dauerhafter Segen über sie ist; man bepflanzt ihre Gräber mit Blumen, um unsere Verehrung für sie zum Ausdruck zu bringen. All das kommt aus dem Glauben an das Überleben der Seele und an die Auferstehung des Leibes.

Ermahnung

Wie tröstend ist es zu denken, dass die Kirche bei unserem Tod und danach für unsere Erlösung aus dem Fegefeuer beten wird; und dass wir schon jetzt den leidenden Seelen im Fegefeuer wirksam helfen können, indem wir unsere Fürbitten mit denen unserer christlichen Brüder vereinen, bei jeder Eucharistie, bei jeder Begräbnismesse, bei jedem besonderen Gebet für unsere lieben Verschiedenen. Denken wir auch daran, wenn wir uns an ihren Gräbern versammeln, dass sie ein gutes Gebet notwendiger brauchen als ein schönes Grab, das ihnen nichts nützt.

Beispiel

Der ehrwürdige Gratian Ponzoni hatte einen unermüdlichen Eifer für das Heil der Lebenden und die Erleichterung der Verstorbenen im Fegefeuer.

Als er Dekan von Arona geworden war, widmete er sich ganz der Erleichterung der Seelen im Fegefeuer durch alle möglichen Gebete, Bußwerke und Almosen. Er hüllte die Armen, die Verlassenen, alle, die die Welt verachtet, selbst ins Leichentuch. Eine Epidemie brach in

Arona aus, die viele Soldaten aus Neapel dahinraffte, die in dieser Stadt in Garnison lagen. Der Totengräber hatte Angst vor Ansteckung und entfernte sich von seinem Amt. Aber der gute Dekan ließ ihn kommen, ermunterte ihn und es gelang ihm, dass er mitkam, um die Opfer dieser Epidemie zu begraben.

Gratian hatte vielen Unglücklichen in der Stunde ihres Todes beigestanden. Eines Tages, als er, begleitet von Don Alfonso Sanchez, damals Gouverneur von Arona, am Friedhof vorbeiging, blieb er plötzlich stehen, betrachtete versunken wie in ein eigenartiges Schauspiel von der Seite die Gräber. Der Gouverneur, erschreckt, betrachtete sie ebenfalls von dieser Seite. Da fragte ihn der Dekan:

– Sehen Sie diese Prozession von Toten, die auf die Kirche zugeht, obwohl sie geschlossen ist?

– Ja, antwortete der Gouverneur, ich sehe alles wie Sie, und ich wage meinen Augen nicht zu trauen.

Der gute Priester verstand, dass diese Seelen Gebete brauchten, und sogleich hieß er die Glocken läuten, damit sich die Gläubigen in der Kirche versammelten. Er kündigte für den morgigen Tag einen feierlichen Gottesdienst für die Toten an und empfahl ihnen, viel zu beten und für sie viele gute Werke zu verrichten.

Er erzählte ihnen die Schauung, die er hatte, und sagte ihnen, dass das die Seelen der verstorbenen Soldaten sein müssten. Dieser heilige Priester begnügte sich nicht damit, dass er selbst voll demütiger Liebe für die Verstorbenen war, er bemühte sich, sie überall zu verbreiten, und sammelte Geld, um Messen für sie lesen zu lassen;

ermahnte zum Gebet, zu guten Werken, Almosen und Bußwerke für sie.

Gebet

Herr, du hast gewollt, dass wir unsere Leiden miteinander tragen wie wir Glieder des einen Leibes Christi sind, und ein einziges Volk bilden. Gewähre uns, dass wir lebhafte Gedanken der Ehrfurcht für unsere verstorbenen Brüder haben, jedesmal, wenn wir uns in der Kirche versammeln, um für die Ruhe ihrer Seele zu beten, und den Ort in Ehrfurcht halten, wo ihre leiblichen Überreste ruhen in der Erwartung auf die glückselige Auferstehung.
Herr, mögen die Seelen der verstorbenen Gläubigen durch deine Barmherzigkeit ruhen in Frieden.

5. Tag: Das Jenseits

Wenn der Mensch stirbt, blickt er zurück auf sein ganzes Leben in einem Augenblick und in den geringsten Details im Lichte Gottes. Gott, der das Licht ist (1 Joh 1,5) erleuchtet die kleinsten Taten, Worte und Gedanken des Menschen und enthüllt ihm ihren Wert.

Der Mensch entdeckt, dass alles jenem offen vor Augen liegt, dem er Rechenschaft über sein Leben abgeben muss (Hebr 4,13).

Das ist das Einzelgericht, in dem der Mensch in einer letzten Wahl, die Gott ihm gibt, für Gott stimmt, indem er sich ihm voll Vertrauen zuwendet, oder gegen Gott, indem er ihm misstraut und sich auf sich selbst zurückzieht (Mt 25,14-30).

Entweder der Himmel oder die Hölle, entweder ewiges Leben oder ewige Qual (Mt 25,46).

Der Tod ist die Zeit der Ernte; man erntet, sei es im Guten oder im Bösen, was man gesät hat, während man im Leib war.

– Wenn die Seele herausgehoben ist aus jedem Schmutz, und die Talente, die sie von Gott empfangen hat, Frucht tragen ließ (Mt 25,15) und aufmerksam war auf die Bedürfnisse der anderen (Mt 25,40), erbt sie das Reich Gottes mit den Engeln und Heiligen.

– Wenn die Seele verdunkelt ist (Joh 3,19; Röm 1,21) und sich auf sich selbst zurückzieht (Mt 25, 24-25), stumpf ist für die

Bedürfnisse der anderen (Mt 25,45), stürzt sie sich in ein ewiges Feuer mit dem Teufel und seinen gefallenen Engeln.

– Wenn die Seele nicht so rein ist, dass sie direkt in den Himmel eingehen kann, aber auch nicht so verdunkelt, dass sie in die Hölle kommt, und weil sie einen letzten Glaubensakt an Gott gemacht hat, fühlt sie sich schmerzhaft geläutert in einem Feuer, das sie brennt, inmitten der Finsternisse, die sie hindern, Gott zu sehen und sich an ihm zu erfreuen (1 Kor 3,15). Sehr wenige kommen direkt in den Himmel, denn die Seele darf keinen Schmutzfleck aufweisen. Bei Gott gibt es nichts Dunkles (1 Joh 1,5) und nichts Beschmutztes kann zu ihm durchdringen (Weish 7,25).

Viele gehen in eine Läuterung ein, um in den Himmel zu kommen, eine Läuterung, die je nach der Dichte der Finsternis mehr oder weniger lang und schmerzhaft ist, je nach den Dunkelheiten, die sie umgeben wegen begangenem Übel oder unterlassenem Guten. Die kommen in die Hölle, die nur sich selbst lieben bis zur Verachtung der anderen, die, die sich selbst zu kleinen Göttern gemacht haben bis zur Verachtung Gottes.

Im Himmel sieht die Seele nur Licht und Wesen des Lichts. Sie fühlt nur Liebe, denn Gott ist Licht und Liebe mit allem, was in ihm ist. Sie geht von Bewunderung zu Bewunderung, von Freude zu Freude, in einen Ozean des Glücks.

Im Fegefeuer nimmt die Seele das Licht, das in Gott und in den himmlischen Wesen ist, nach denen sie verlangt, auf, aber die dunklen Schatten, die in ihr sind, hindern sie, darin einzutauchen. Ihre Liebe zu Gott und zum

Himmel ruft in ihr einen läuternden Schmerz hervor, der sie zu einer immer weniger Verirrten macht, und sie immer mehr befreit.

In der Hölle sieht die Seele nur einen See von Finsternis, Feuer und Schwefel. Sie steigt in sie hinab wie in einen Abgrund und trifft darin nur Leere, denn Satan ist leer an Liebe, ist Dunkelheit und Lüge. Sie geht von Verkommenheit zu Verkommenheit, von Qual zu Qual, in ein Meer von Tränen und Zähneknirschen.

Ermahnung

Solange wir auf Erden sind, haben wir die Wahl. Im Tod machen wir unsere letzte Wahl in die Richtung, auf die unser Leben zugegangen wäre. Der Baum fällt, wie er hängt. Jeder Gedanke, jedes Wort, jede Tat bestimmen unsere Richtung und binden uns. Nutzen wir diese Zeit der Umkehr und göttlichen Barmherzigkeit, um gute Früchte zu tragen, die im ewigen Leben bleiben (Joh 15,16)*, und helfen wir unseren Brüdern im Fegefeuer, schneller in den Himmel einzugehen dank unserer Gebete und Liebeswerke. Das ist der Wille Gottes für uns, zu unserem Glück und zur Ehre Gottes.*

Beispiel

Um die Menschen in Kenntnis zu setzen von den Leiden, die sie zu ihrer gänzlichen Läuterung im Fegefeuer erwarten, hat der Herr viele Offenbarungen zugelassen.

In der Diözese von Nocera, nahe bei Neapel, war ein Knabe von elf Jahren mit Namen Biaggio verstorben. Während seiner Beerdigung, in Gegenwart einer großen Menschenmenge, bewegt er seine Arme und seinen ganzen Körper und stößt starke und schmerzhafte Seufzer aus, dann verfällt er wieder in Totenstarre.

Man wirft sich auf die Knie, während andere ihm Riechsalz geben, ihn massieren, ihn schütteln, im Glauben, dass er nur ohnmächtig sei; in der Tat, er rührt sich wieder und atmet auch.

Man lässt die Ärzte kommen, dass sie dieses Kind wieder ins Leben zurückholen, aber alles war umsonst.

Am fünften Tag baten die Eltern von Biaggio den heiligen Bernhardin von Siena, ihn wieder zum Leben zu erwecken. Biaggio scheint von einem langen Schlaf aufzuwachen, öffnet die Augen und erzählt ihnen dann die Geheimnisse des anderen Lebens. Vierzehn Tage lang blieb er unbeweglich wie ein Toter und hatte nur die Zunge frei, um die Umstehenden zu belehren. Er erzählte, dass er wirklich den letzten Seufzer getan hatte; im Augenblick seines Todes hatte ihn der heilige Bernhardin zu sich gerufen, hatte ihm empfohlen, nichts zu vergessen, was er sehen würde, damit er es später erzählen könne. Dann hatte er ihn schnell wie der Blitz in die Hölle geführt, wo er eine unzählbare Schar von Verdammten sah, von denen er auch einige kannte. Der heilige Bernhardin zeigte ihm unter anderen jene, die wegen ihrem Stolz, ihrem Geiz, ihrer Trunksucht, ihrer Hartherzigkeit oder ihren schlechten Gewohnheiten in die Hölle gelangt waren. Während er dieses schreckliche

Schauspiel betrachtete, sah er eine Schar von Dämonen, die freudig einen Verdammten herabzogen; Biaggio erkannte, dass es ein berühmter Wucherer der Stadt war, der soeben starb. Er wurde in eine glühende Kohlenglut gestürzt. Der Sohn dieses Wucherers, der diese Erzählung hörte, gab den Armen schnell das ganze unrecht erworbene Gut seines Vaters, und zog sich eilends in ein Kloster zurück, um ein Leben der Buße zu führen.

Dieses Schauspiel der Hölle jagte Biaggio einen solchen Schrecken ein, dass ihn der heilige Bernhardin sofort entfernen musste. Er führte ihn ins Paradies, wo er den großartigen Lohn, der den Erwählten verheißen ist, betrachten konnte. Er sah die glorreiche Armee der Märtyrer, den Chor der Jungfrauen, die unzählbare Schar der Engel, und die Königin des Himmels, umgeben von solchem Glanz, dass nichts ihm ähnlich war, als die noch viel größere Herrlichkeit ihres göttlichen Sohnes. Es gibt keinen menschlichen Ausdruck, der den Glanz Gottes in seiner Dreifaltigkeit beschreiben könnte.

Aber Biaggio wurde auch ins Fegefeuer geführt, wo er die verschiedenen Foltern sah, die den jeweiligen Sünden entsprachen. Er sah dort mehrere seiner Verwandten und Freunde, die gequält wurden nach der Sünde, die sie begangen hatten. Als sie ihn sahen, beschworen ihn diese Seelen, die Hilfe ihrer Angehörigen und aller, die sie geliebt hatten, anzufordern, und sie versprachen, sie zu segnen und zu beschützen, wenn sie ihnen die Verdienste der Werke, die die Kirche empfiehlt, zuwenden würden; denn so sahen sie das Ende ihrer Qualen schneller kommen.

Nachdem das junge Kind all das gesehen hatte, wurde es dem Leben wiedergegeben, gerade in dem Augenblick, als seine Eltern den heiligen Bernhardin dafür baten.

Er erzählte alles mit solcher Geradheit und Sicherheit, dass alle von seiner Aufrichtigkeit überzeugt waren. Er sagte jedem, was er tun müsse, um die Seelen zu erleichtern, die so schwer an ihrer Läuterung litten. Alle schickten sich an, ihm zu gehorchen, und das ganze Land erhielt einen neuen Auftrieb, die Qualen der Seelen im Fegefeuer zu lindern.

Gebet

Wir danken dir, Herr, für alle Erleuchtungen, die du uns über das Jenseits gegeben hast, womit du uns ermunterst, die Qualen im Fegefeuer und die Verdammnis der Hölle zu vermeiden, und uns immer mehr für den Himmel zu entscheiden. Wir bitten dich, erhalte uns im Gehorsam zu deiner Gnade, die uns nicht fehlen lässt.

Herr, mögen die Seelen der verstorbenen Gläubigen durch deine Barmherzigkeit ruhen im Frieden.

6. Tag: Die Zerknirschung

Im Moment des Todes, wenn die Seele in einem Augenblick auf ihr ganzes Leben in den geringsten Einzelheiten zurückblickt, wie es sich im Lichte Gottes beurteilt, und wenn sie ein letztes Ja zu Gott spricht, der sie rettet, empfindet sie eine sehr große Scham über die Unvollkommenheiten des vergangenen Lebens, über die Sünden, die sie verdunkelt haben, und die die völlige Durchdringung mit Licht verhindern. Das verursacht ihr große Leiden, die sich in einer lebhaften Reue über die Taten, die sie augenblicklich von Gott trennen, ausdrückt. Im Lichte Gottes entdeckt die Seele tausend Unvollkommenheiten und sieht genau das ganze Böse, das sie begangen hat, und das sie mit der Gnade Gottes vermeiden hätte können.

Sie entdeckt tausend verborgene Fehler, die sie auch nicht für schwer hielt. Sie sieht das ganze Gute, das sie unterlassen hat zu tun, und die segensreichen Folgen, die ihre Nächsten entbehren mussten.

Sie sieht die Gnade Gottes, derer sie sich in ihrem sakramentalen Leben beraubt hat.

Sie sieht all ihr Zögern, ihre Langsamkeiten, ihren Mangel an Großzügigkeit, dem Willen Gottes zu entsprechen. Im Augenblick des Todes verursacht ihr all das, trotz der Verzeihung und Barmherzigkeit Gottes, eine große Qual, denn indem sich die Seele beschmutzte, wurde sie undurchsichtig für das Licht Gottes.

Da die Seele Gott liebt und seine Liebe nicht mehr zurückweist, erfährt sie einen großen Schmerz und eine tiefe Reue, die sie läutern und das Dunkel zerstreuen. Sie stellt fest, dass alles bloßliegt vor den Augen Jenem, dem wir Rechenschaft geben müssen (Hebr 4,13).

Wenn sie den Verlust Gottes fühlt, geht sie in sich wie der verlorene Sohn, erkennt, dass sie sündhaft ist, und wendet sich endgültig Gott zu (Lk 15, 14-20).

In ihrer Trauer, ihren Vorwürfen, ihrer Verzweiflung, empfindet sie eine sehr reine Zerknirschung, so vollkommen und durchdringend, dass sie ihr Leiden annimmt, weil es sie rettet, ganz wie der Verwundete die Schmerzen der Operation annimmt, die ihn heilt. Freude auf den Himmel steigt in den Seelen auf, die bereuen, denn die Gnade Gottes dringt in sie und bereitet sie darauf, sich den Erwählten des Himmels anzuschließen (Lk 15,10).

Ermahnung

Geschieht es, dass wir Gewissensbisse empfinden, bittere Selbstvorwürfe? Dann arbeitet die Gnade Gottes in uns und lädt uns ein, das Gute zu tun, zu lieben und Gott verbunden zu bleiben, unserem höchsten Ziel. Gott und die Eingebung unserer verschiedenen Angehörigen laden uns ein, zu bereuen und den Willen Gottes zu erfüllen.

Gott gibt uns Zeit zu bereuen (Apg 2,21), das zu tun, was ihm gefällt, wie einem guten Arbeiter, der seinen Weinberg bearbeitet (Mt 21,29).

Nutzen wir diese Zeit der Gnade und Barmherzigkeit, denn der Tod ist die Zeit der sich vollziehenden Gerechtigkeit, wo wir bis zum letzten Pfennig dafür bezahlen müssen, um aus dem Gefängnis zu kommen, das wir uns aus eigenem Verschulden bereitet haben, und um in den Himmel zu gelangen (Mt 5,26).

Beispiel

Theophilos (829-842), Kaiser von Konstantinopel, einer der berühmtesten Bilderstürmer, war ein eingefleischter Verfolger derer, die die Ikonen, fromme Statuen oder Bilder, verehrten. Damit man nicht mehr daran dachte, neue anzufertigen, hatte er die Grausamkeit, dem frommen Maler Lazar die Hand abschneiden zu lassen. Aber, oh Wunder, diese Hand gliederte sich wieder an ans Handgelenk, vor den Augen des Volkes.

Es war ein Glück für diesen verirrten Prinzen, dass er eine heilige Gemahlin hatte, Theodora, deren Gebete, Tugenden und Bußwerke schließlich bei Gott die Bekehrung erlangten.

Schließlich, nach vielen Schicksalsschlägen und Unglück im Kampf, bekehrte sich Theophilos und erlaubte die Verehrung der heiligen Bilder. Aber er hatte nicht mehr die Zeit, ein Dekret zur Abschaffung des Verbots der Bilderverehrung zu promulgieren, und er starb in der Reue und in lebhaften Gefühlen der Zerknirschung über all das Übel, das er den Gläubigen bereitet hatte.

Die fromme Theodora und auch zahlreiche Preister beteten viel für die Erleichterung der Seele ihres Mannes.

Sie hatte eine Schau, die ihr große Unruhe bereitete: Eines Nachts, als sie mit Inbrunst betete, sah sie ihren Gemahl, an Ketten gebunden und durch eine Schar von Soldaten, die alle Arten von Folterinstrumenten trugen, vor den Herrn Jesus geschleppt. Sie wollte versuchen, die Soldaten zu besänftigen, aber umsonst. Schließlich warf sie sich zu Füßen des Herrn und bat um Milde. «O Frau, dein Glaube ist groß», sagte er, «ich gewähre dir die Gnade für deinen Gemahl.»

Dann wandte er sich an die Soldaten: «Bindet ihn ab und gebt ihn seiner Frau.» Die Kaiserin war stark getröstet von dieser Vision. Dieser Trost steigerte sich, als sie erfuhr, dass der Patriarch von Konstantinopel, Method, auch eine Schauung hatte, die nicht weniger überraschend war: Während der gleichen Nacht sah er im Traum einen Engel, der ihm sagte, dass seine Gebete erhört worden seien und dass der Kaiser Theophilos Gnade bei Gott gefunden hätte. Er erwachte voll Freude und begab sich gleich am Morgen in die Kirche, wo er feststellte, dass der Name des Kaisers von der Liste der Bilderstürmer verschwunden war. Das Gerücht von diesem Wunder verbreitete sich in der ganzen Stadt und wurde die Ursache der Bekehrung der Häretiker, die Theophilos in seinem Kampf gegen die Verehrung der heiligen Bilder gefolgt waren.

Die Zerknirschung des Kaisers rührte auch sie.

Gebet

Mein Gott, es tut mir sehr leid, dass ich dich beleidigt habe, weil du unendlich gut und unendlich liebenswert bist und weil dir die Sünde missfällt; ich fasse den festen Vorsatz – mit der Hilfe deiner heiligen Gnade – dich nicht mehr zu beleidigen und Buße zu tun für meine Fehler und Verirrungen. Ich bitte dich, erbarme dich der Seelen im Fegefeuer. Du kennst ihre Reue und Zerknirschung. Mögest du doch durch mein Gebet, das sich mit ihrer Zerschnirschung und mit der Reue über meine Sünden vereint, ihrer Läuterung und ihres Eintritts in den Himmel gnädig gesinnt sein.

Herr, mögen die Seelen der verstorbenen Gläubigen durch deine Barmherzigkeit ruhen in Frieden.

7. Tag: Der Verlust Gottes

Die hauptsächliche Qual im Fegefeuer ist die des Verlustes Gottes, genannt Pein der Verdammnis.

Die Seele fühlt, dass sie für Gott gemacht ist, um einzutauchen in seine Liebe und in sein Licht, aber ihre Sünden hindern sie, Gott zu sehen und zu fühlen und sich seiner Liebe zu erfreuen. Sie ist wie in sich selbst gefangen, verblendet und abgestumpft für die Liebe Gottes, die ihr weiterhin zur Verfügung steht. Sie ist wie ein Auge, das vom grauen Star vernebelt ist. Wir wissen, dass Gott uns von allen Seiten umfängt (Weish 1,7; Mt 6,18); ihn nicht zu sehen ist schon eine Prüfung. Aber beim Tod nimmt die Seele die Gegenwart Gottes in starker Form wahr. Sie fühlt mit allen ihren Möglichkeiten, dass sie bestimmt ist, ihn zu sehen und seiner sich zu erfreuen, aber dass ihre Unvollkommenheiten und Flecken, verschuldet durch die Sünden, die sie während ihres irdischen Lebens begangen hat, sie daran hindern, und das verursacht ihr eine große Qual.

Sie empfindet einen Durst nach Gott (Ps 42,3; 63,2), der sie quält, bis sie endgültig geläutert ist und in Gott eintauchen kann. Dieser Durst nach Gott reinigt sie und zerstreut den Nebel, der sie blind macht.

Die Seele fühlt und weiß, dass sie für die Gemeinschaft der Liebe mit allen Wesen des Himmels gemacht ist, und erfährt eine sehr große Einsamkeit. Sie leidet daran, sie nicht zu sehen und sich ihrer Gegenwart und strahlenden göttlichen Liebe nicht erfreuen zu können. Ihr ganzes Wesen wartet auf diese Gemeinschaft mit dem mystischen Leib Christi. Sie fühlt sich wie verbannt aus ihrem wahren Vaterland, dem Himmel. Dieser Schmerz läutert in ihr alles Fehlen an Liebe, mit dem sie sich beschmutzt hat. Die Liebe zu Gott und zum Himmel reinigt sie.

Ermahnung

Wenn wir Gott kennen würden, wenn wir ihn lieben und die gleiche Sehnsucht nach dem Himmel hätten wie diese Seelen, würde sich unser Leben zu einer Suche nach den höheren Dingen verwandeln, die dort sind, wo Christus zur Rechten Gottes sitzt (Kol 3,1-2). *Indem wir immer mehr erkennen, dass wir uns nicht selbst gehören, sondern wir in unserem Leben wie in unserem Tod Gott gehören, sollen wir alles tun, um seinen Ruhm zu vermehren, und aus Liebe zu den Brüdern handeln* (Röm 14,8).
Durch unser Gebet und unsere Barmherzigkeit für sie, helfen wir ihnen, Gott schneller näher zu kommen. Wie sehr werden uns diese Seelen dankbar sein, dass wir ihnen geholfen haben, die Wartezeit auf die Anschauung Gottes und das Glück des Himmels zu verkürzen!

Beispiel

Hier sei ein Ereignis berichtet, das sich im Herzogtum Luxemburg zugetragen hat, und untersucht und für echt erklärt wurde durch den Generalvikar des Erzbischofs von Treben.

Am Tage Allerheiligen sah ein frommes junges Mädchen plötzlich vor sich die Seele einer Dame erscheinen, die kurz vorher verstorben war. Diese erklärte ihr, dass ihr größtes Fegefeuer darin bestand, der Anschauung Gottes beraubt zu sein. Sie war in Weiß gekleidet, den Rosenkranz in der Hand als Zeichen der großen Verehrung, die sie immer für die Jungfrau Maria trug. So zeigte sie sich mehrere Male, besonders in der Kirche, wo sie sich nahe bei dem jungen Mädchen auf die Knie warf, mit ihr betete und sie zur Kommunion begleitete. Sie wohnte der Messe bei und im Augenblick der Erhebung der Hostie leuchtete ihr Gesicht so sehr, dass das Mädchen noch niemals etwas so Schönes gesehen hatte. Sie zeigte sich vor allem in der Kirche, und weil sie Gott nicht von Angesicht zu Angesicht sehen konnte, konnte sie dort wenigstens die göttliche Eucharistie betrachten, und außerdem das Mädchen zu eifrigerem Beten anstacheln, das wirklich nicht aufhörte, für sie zu beten. Oft ließ sie am Altar der heiligsten Jungfrau Messen in dieser Meinung feiern. Eines Tages, als das Mädchen in der Kirche Notre Dame war, küßte es die Füße der Statue in Aufopferung für die Seele, die ihr erschien. Als sie zurückging, sah sie diese Seele, die zu ihr kam, um ihr zu danken. Da sagte sie zu ihm, dass sie zu Lebzeiten das

Gelübde gemacht hatte, drei Messen am Altar der Jungfrau lesen zu lassen, aber dass sie es nicht ausgeführt habe. Sie flehte sie an, in ihrem Namen diese Schuld zu begleichen, die ihre Leiden vergrößerten. Darauf ließ das junge Mädchen diese ohne Zögern feiern.

Am Ende der dritten Messe sah sie diese Seele auf sich zueilen, ganz freudig und strahlend, denn ihre Zeit der Sühne sollte abgekürzt werden. Bei diesem Anblick warf sich das junge Mädchen auf die Knie, die Arme in Kreuzesform, und sprach sogleich fünf Vaterunser und fünf Ave für die Verstorbene, die ihr die Arme stützte.

Diese Seele zeigte ihre Dankbarkeit gegenüber ihrer Wohltäterin vor allem dadurch, dass sie ihr gute Ratschläge gab. Sie empfahl ihr, alle ihre Gelübde immer treu zu erfüllen, die sie machen würde, denn Gott fordert das treue Einhalten aller Versprechen, die man macht. Sie sagte ihr, sich vor jeder Lüge zu hüten, so klein sie auch sei, denn die Reinheit Gottes duldet sie nicht. Sie ermahnte es auch zu einer großen Verehrung für die Mutter Gottes. «Sei darauf bedacht», sagte sie ihm, «dass du jedesmal, wenn du ihr Bild siehst, diese drei Anrufungen wiederholst: "Wunderbare Mutter, Trösterin der Betrübten, Königin aller Heiligen".» Um so mehr man diese heilige Mutter liebt und man ihr dient, um so mehr fühlt man ihre Gegenwart beim Gericht, das unser ewiges Schicksal festlegt. Sie riet ihr auch, alle ihre guten Werke zur Erleichterung der Seelen im Fegefeuer zu verrichten, damit ihre Leiden gemildert werden. Zwischen der Seele und dem jungen Mädchen war eine wirkliche Freundschaft errichtet, in Folge dieser häufigen Erscheinungen.

Und als sie das Mädchen einlud, mit ihr zur Messe vom 3. Dezember zu gehen, versagte sie es nicht. Sie hielt sich an seiner Seite, besonders bei der Kommunion, die ihre Freundin in ihrer Meinung machte. Nachdem sie ihm gedankt hat, kündigt sie ihm an, dass sie sie nach fünf Tagen, am Fest der Unbefleckten Empfängnis, wiedersehen werde, bevor sie in den Himmel auffuhr.

An diesem Tag erschien die Seele so strahlend, dass das junge Mädchen sie nicht ansehen konnte. Sie wohnte mit ihrer jungen Freundin der Messe bei und empfahl ihr noch einmal eine große Verehrung für die heilige Jungfrau. Schließlich, am 10. Dezember, kam sie wieder zur Messe, strahlender denn je, grüßte das junge Mädchen und wurde in die Lüfte gehoben, wo ein Engel sie willkommen hieß.

Gebet

Herr, lebendiger Gott, meine Seele dürstet nach dir. Wann sehe ich dein Angesicht? Wie eine Hirschkuh nach lebendigem Wasser schmachtet, so schmachtet meine Seele nach dir, mein Gott (Ps 42,2).

Mein Gott, ich glaube an dich, ich bete dich an, ich liebe dich; ich bitte dich um Verzeihung für die, die nicht glauben, dich nicht anbeten, nicht auf dich hoffen und dich nicht lieben.

Herr, mögen die Seelen der verstorbenen Gläubigen durch deine Barmherzigkeit ruhen in Frieden.

8. Tag: Das Läuterungsfeuer

Gott ist ein verzehrendes Feuer (Dtn 4,24) das alles verbrennt, was ihm nicht entspricht und alles mit Glorie umgibt, was ihm entspricht. Das Feuer des Himmels, das Feuer des Fegefeuers, das Feuer der Hölle sind das gleiche Feuer Gottes. Im Himmel umgibt es die Auserwählten, indem es sie mit Herrlichkeit überhäuft; im Fegefeuer läutert es die Seelen in der Liebe von ihren Unvollkommenheiten; in der Hölle brennt es dauerhaft jene, die sich vor Gott verschlossen haben und sich selbst zu Göttern gemacht haben.

Das ist das Feuer der göttlichen Liebe. Die Seele, die nicht ganz rein ist, empfindet ein Leid, das von dem schmerzhaften Feuer kommt, das ihre Unvollkommenheiten und Unreinheiten verzehrt. Sie fühlt sich dazu erschaffen, sich Gott zu öffnen, wie eine Blume an der Sonne, um umstrahlt zu werden von seiner Herrlichkeit und Liebe. Ihre Unvollkommenheiten verhindern ihr Erblühen und rufen in ihr gleichsam ein brennendes Feuer hervor, dem sie sich nicht entziehen kann, um so mehr als sie merkt, dass es zu ihrem Besten und ihrem Glück ist, damit sie sich zu Gott erheben kann, bis sie in seiner Herrlichkeit erstrahlt.

Die Seele wird gerettet, aber wie durch Feuer (1 Kor 3,15). Denn am Tag des Herrn, an dem wir diese Erde verlassen um zu ihm zu gehen, wird das Werk jedes Einzelnen offenbar, enthüllt im Feuer Gottes, im Licht seiner Liebe; und dieses Feuer wird die Güte des Werkes jedes Einzelnen erweisen (1 Kor 3,13). Dieses Feuer verliert um so mehr seinen schmerzhaften Charakter, um so mehr die Seele gereinigt ist; es verwandelt sich in Herrlichkeit, wenn die Seele in den Himmel eintritt, wo sie vom Lichte Gottes überflutet wird. Dieses Feuer ist schmerzhaft und vergänglich im Fegefeuer, es ist schmerzhaft und ewig in der Hölle, es ist glorreich, beglückend und ewig im Himmel (Mt 18,9; 25,41).

Ermahnung

Denken wir daran, dass die Leiden dieses Lebens, wie immer sie auch sein mögen, nicht verglichen werden können mit diesem Feuer des Fegefeuers. Man müsste unmenschlich sein, nicht an das Stöhnen jener Seelen zu denken, die durch das Fegefeuer gehen, ein nicht erlahmendes Feuer, von dem es keine Zerstreuung gibt, denn die sichtbare Welt ist beim Tode verschwunden. Welch langes Leiden bedeutet das für diese Seelen, wenn wir nicht durch unsere Barmherzigkeit für sie zu ihrer Heiligung und zur Milderung ihrer Qualen beitragen! Wenn wir unsererseits in dieses Läuterungsfeuer kommen, wie dankbar werden wir sein gegen jene, die auf Erden diese Härten für uns mildern, durch ihre Gebete und ihr Erbarmen. Nutzen wir dieses irdische Dasein, das eine Zeit der Barmherzigkeit ist, da wir beim Tode die Gerechtigkeit Gottes im Feuer der göttlichen Liebe kennenlernen werden.

Beispiele

Im Kloster vom heiligen Dominikus von Zamora, einer Stadt in der Gegend von Leon in Spanien, geschah es, dass die Glocke des Klosters von selbst läutete. Man war sich bewusst, dass sie das nahe Hinscheiden eines Ordensangehörigen ankündigt. Ein Dominikaner dieses Klosters war mit einem Franziskaner freundschaftlich verbunden; sie hatten sich verpflichtet, sich gegenseitig nach dem Tode zu besuchen, das heißt, dass jener, der die Welt als Erster verlassen würde, dem Überlebenden erscheinen würde, damit er, wenn er im Fegefeuer litte, Erleichterung fände durch die Gebete seines Freundes. Der Franziskaner starb als erster. Kurz nach seinem Tode erschien er dem Dominikaner. Nachdem er ihn herzlich begrüßt hatte, teilte er ihm mit, dass er für kleine Dinge noch viel leiden müsse, die er auf Erden noch nicht gesühnt hatte. Um seinen Freund anzustacheln, etwas für seine Erlösung zu tun, zeigte er ihm die Flammen, die ihn zur Läuterung brannten: «Nichts auf Erden», so sagte er zu ihm, «kann euch eine Vorstellung von der Heftigkeit dieses Feuers geben. Wollt ihr eine Probe davon?»

Da legte er seine brennende Hand auf einen Tisch, und sie drückte sich darin tief ein. Dieser Tisch wird aufbewahrt im Kloster Sankt Dominikus in Zamora, als ein Zeichen der Echtheit der Worte des Franziskaners. Wie erstaunt war doch der Dominikaner, und welchen Eifer legte er an den Tag, seinen Freund zu erlösen!

Sanchez, der König von Leon, hatte gerade den Sieg über eine Revolte davongetragen, und die Rebellen waren gezähmt. Aber ihr Anführer, dem keine Gewalt zur Verfügung stand, wandte sich der List zu. Er warf sich dem König zu Füßen, erhielt seine Verzeihung, dann beging er Verrat, indem er dem König eine vergiftete Frucht vorsetzte. Sanchez aß sie und starb auf dem Rückweg in die Hauptstadt.

Seine Gemahlin Guda beweinte ihren Gemahl, der das Opfer eines so gemeinen Verrats wurde. Aber da sie eine gute Christin war, betete sie für ihren Gemahl und ließ auch für ihn beten. Der Leib des Königs wurde ins Kloster von Castilla gebracht, wo zahlreiche Messen für die Seelenruhe des Verstorbenen gelesen wurden.

Die fromme Witwe wollte von den sterblichen Resten ihres Gemahls nicht weggehen; so dankte sie ab, um Nonne in diesem Kloster zu werden.

Tag und Nacht schickte sie stürmische Gebete zu Gott empor; aber am Samstag, der der Mutter Gottes geweiht ist, verdoppelte sie ihre frommen Übungen, ihre Busswerke und ihr Fasten, damit sie Sanchez aus dem Fegefeuer erlösen kann, wenn er noch darin war.

Eines Samstags, als sie vor dem Marienaltar kniete und mit Inbrunst betete, erschien ihr ihr Gemahl. Er war in Trauerkleidung und zweimal mit einer feurigen Kette umschlungen. Er bat Guda, weiterhin für ihn zu beten und Buße zu tun: «Oh! Wenn ihr meine grausame Folter sehen könntet, wieviel mehr Eifer hättet ihr noch, mich zu erleichtern!» Guda vervielfältigte ihre Gebete und Bußwerke und lud auch andere Nonnen ein, sich ihr vierzig Tage lang anzuschließen und ließ zahlreiche Messen lesen. Am Ende dieser vierzig Tage erschien ihr der König wieder, umgeben von himmlischer Glorie, bekleidet mit einem kostbaren Mantel, den Guda einmal einer Kirche gegeben hat, und den Gott wunderbarerweise zum Heile Sanchez verwendet hat. «Hier bin ich», sagte er zu seiner Gemahlin mit glücklicher Miene, «ich bin frei und brauche nicht mehr zu leiden. Denkt nach über die Leiden des anderen Lebens, aber noch mehr über die Herrlichkeit des Himmels, wo ich auf euch warte und euer Beschützer bin.»

Guda streckte die Hände nach ihm aus, aber sie konnte ihn nicht berühren; sie ergriff den kostbaren Mantel, der in ihren Händen blieb. Sie gab ihn dem Kloster Sankt Etienne zurück, von wo er verschwunden war; der Abt und die Ordensleute stellten seine Echtheit fest und bestätigten die Wahrheit dieser Tatsachen. Es geschah im Jahre 940.

Gebet

Herr, allmächtiger Gott, dessen Heiligkeit nicht die geringste Unreinheit in unserem Leben erträgt, und dessen Liebe das verbrennt, was in unseren Seelen nicht von dir ist, hilf uns, das Werk der Buße zu verrichten und in allem nach deinem Willen zu handeln. Möge dein läuterndes Feuer schnell in den Seelen unserer Verstorbenen ihre Aufgabe erfüllen. Herr, mögen die Seelen der verstorbenen Gläubigen durch deine Barmherzigkeit ruhen in Frieden.

9. Tag: Die langen Qualen

Der Glaube lehrt uns, dass das Fegefeuer nicht ewig ist und dass es beim allgemeinen Gericht zu Ende sein wird. Die Dauer und Heftigkeit der Qualen, die die Seelen dort erleben, stehen im Verhältnis zum Ausmaß und zur Schwere der Fehler, die im irdischen Leben begangen wurden. Man muss sie sühnen, auch wenn sie vergeben worden sind.

Die Kirche hat offiziell nichts festgelegt über die Dauer der Qualen im Fegefeuer, aber sie genehmigt Messen zum Jahrestag und sogar Messen auf Dauer für die Seelenruhe der Verstorbenen. Häufig werden auch Messen zugunsten der Verstorbenen dreißig oder vierzig Tage nach dem Tod gefeiert; manchmal dreißig Tage nacheinander (gregorianische Dreißig-Tage-Sequenz).

Sie glaubt also, dass die läuternde Sühne lang sein kann und sich über Jahrhunderte erstrecken kann.

Mehr als zwanzig Jahre nach dem Tode seiner Mutter Monika erbat der heilige Augustinus noch Gebete für sie. Der heilige Ambrosius verpflichtete sich öffentlich, sein Leben lang für die Seele Theodosius des Großen zu beten. Sich stützend auf glaubwürdige Offenbarungen sagt der heilige Robert Bellarmin, dass sich für gewisse Seelen die Dauer der Qualen im Fegefeuer bis zum Jüngsten Gericht verlängern kann, wenn ihnen die Kirche nicht zu Hilfe käme.

Seelen haben bei Erscheinungen die Zeit der zu vollendenden Läuterung enthüllt, die sie brauchen, um in den Himmel zu kommen. Es gibt mehrere Ursachen für die Dauer der Läuterungsqualen:

– die vollkommene Reinheit, die die Seele haben muss, bevor sie Gott besitzen kann;

– die große Zahl unserer Sünden, unserer Untreue, unserer fehlenden Liebe;

– die geringe Buße, die wir für die gebeichteten Sünden leisten;

– die Unfähigkeit der verstorbenen Seele, sich selbst Erleichterung zu verschaffen;

– das Vergessen der Toten und unsere schuldhafte Nachlässigkeit, ihnen zu Hilfe zu kommen.

Da diese Seelen außerhalb unserer Zeit leben und nichts haben, das sie von dem Ziel, dem sie sich zugewandt haben, ablenken könnte, haben sie wegen der Heftigkeit ihrer Qual den Eindruck, dass sie lange leiden. Was für uns Stunden sind, kann ihnen als Jahrhunderte erscheinen. Wenn wir Zahnschmerzen haben, und obwohl das ein beschränktes Übel ist, erscheint uns die Zeit, die sie dauern, furchtbar lang. Man hat den Eindruck, dass sie nicht aufhören, trotz der Gewissheit, dass das Übel ein Ende haben wird.

Im Fegefeuer fühlt die Seele, dass sie daraus nicht entkommt, bis sie den letzten Pfennig bezahlt hat (Lk 12,59).

Sie weiß, dass sie ihre Fehler auf sich selbst eingeschlossen haben, bis eine beständige Liebe sie ihm öffnet.

Ermahnung

Wir sollen keine Eile haben, unsere Verstorbenen zu vergessen, oder sie heilig zu sprechen. Beten wir oft für sie, sonst stehen sie in Gefahr wegen unserer Nachlässigkeit lange auf eine Abkürzung ihrer Leidenszeit warten zu müssen, die wir ihr dank der Gnade Gottes verschaffen können. Wie sehr trugen die Heiligen Sorge um diese leidenden Seelen im Fegefeuer! Was würden wir denken, wenn wir an ihrer Stelle wären und man uns so wenig Hilfe zukommen ließe? Vielleicht müssen wir, wenn die Reihe an uns kommt, auch diese schmerzhafte Erfahrung machen.

Beispiel

«Der geduldige Mensch hält aus, bis seine Stunde gekommen ist, aber am Ende kann er jubeln» (Sir 1,23).
Der Kaiser Mauritus hörte eines Tages den Herrn ihn fragen, ob er lieber hier auf Erden litte, oder ins Fegefeuer ginge. «Hier unten, Herr, ich leide lieber hier unten.»
Im Jahre 1183 war ein Ordensmann auch nicht ganz besonnen. Eines Tages kam ein Engel zu ihm, der ihm die Wahl ließ zwischen einer langen Kankheit und einem sehr kurzen Fegefeuer.
– Oh, mein Gott! sagte er, habt Erbarmen und ruft mich aus dieser Welt; kommt eurem armen Diener zu Hilfe! Ich finde keine Ruhe bei Tag und Nacht, so sehr leide ich in meinem Leib Schmerzen, die immer noch zunehmen, und ich habe keine Kraft mehr, sie zu ertragen.

Da sagte der Engel, der vom Himmel herabstieg, um ihn zu stärken:

– Eure Gebete sind erhört worden. Gott erlaubt euch, selbst über euer Schicksal zu entscheiden. Wenn ihr es annehmt, weiterhin auf dieser Welt zu leiden, habt ihr noch ein Jahr der Krankheit vor euch, dann würdet ihr in den Himmel aufsteigen. Wenn ihr lieber sterben wollt, seid ihr drei Tage im Fegefeuer, um eure Fehler zu sühnen. Wählt frei.

Der arme Ordensmann, der von seinen gegenwärtigen Leiden ermüdet ist, die ihm unerträglich erscheinen, und der nicht genügend daran denkt, was ihn im Fegefeuer erwartet, antwortet:

– Ich ziehe es vor zu sterben, selbst auf die Gefahr hin, dass ich im Fegefeuer gefoltert werde, nicht nur drei Tage, sondern solange es Gott gefällt, denn mein gegenwärtiges Leben ist zu jedem Augenblick ein Tod, ich glaube nicht, dass das Fegefeuer härter ist.

– Gut, antwortete der Engel. Es sei, wie ihr es gewünscht habt: Ihr sterbt heute; empfanget so schnell als möglich die Sakramente. Der Kranke erzählte die Schauung, empfing die Sakramente und hauchte sein Leben aus.

Und seine Seele machte sich ins Fegefeuer auf. Nach einem Tag kam der Engel ihn besuchen und fragte ihn, ob es darin schlimmer sei als auf der Erde.

– Oh! Wie blind war ich, antwortete seine Seele; aber wie grausam wart ihr, zu mir von drei Tagen zu sprechen und mich jahrhundertelang hier zu lassen!

– Was, antwortete der Engel, es sind noch nicht vierundzwanzig Stunden, dass ihr im Fegefeuer seid, und ihr beklagt euch so sehr, dass ihr mich anklagt, euch getäuscht zu haben.

Die Härte der Qual täuscht euch so. Ein Augenblick erscheint euch wie ein Jahrhundert. Es ist noch nicht ein Tag, dass ihr leidet, und euer Leib ist nicht mehr auf Erden. Dennoch, wenn ihr auf die Erde zurückkehren wollt und dort ein Jahr der Krankheit erleiden wollt, so ist Gott damit einverstanden.

– Oh ja, rief die Seele. Ich bitte euch um diese Gnade. Lieber zwei, drei, vier Jahre der Krankheit als eine Stunde im Fegefeuer. Da führte der Engel die Seele in ihren Körper zurück, der wieder zum Leben kam unter den Augen der Gemeinschaft, die von Staunen ergriffen wurde.

Sobald der Ordensmann sprechen konnte, erzählte er alles, was mit ihm passiert war und ermahnte seine Brüder, eine strengere Buße auf sich zu nehmen, damit sie den schrecklichen Foltern für die geringsten Sünden entgehen. Er nahm die verschiedenen Leiden seiner alten Krankheit mit Freuden an. Am Ende eines Jahres starb er und ging zweifellos gleich in den Himmel ein.

Gebet

Herr, Gott der Liebe und der Barmherzigkeit, du hast Mitleid und verzeihst, schau nicht auf unsere Sünden, wir flehen dich an, lösche sie aus. Hilf uns und den leidenden Seelen im Fegefeuer. Lösche die Qual aus, die verursacht ist von unseren Sünden und Fehlern, dank unserer Fürbitte, vereint mit den Verdiensten deines Sohnes, der gestor-

ben ist zu unser aller Heil. Beschleunige ihre Erlösung zur Glückseligkeit mit allen Erwählten des Himmels unseres Vaterlandes. Sei gepriesen für deine ganze Liebe. Herr, mögen die Seelen der verstorbenen Gläubigen durch deine Barmherzigkeit ruhen in Frieden.

10. Tag: Das Unvermögen

Die Zeit, die wir hier auf Erden verbringen, ist gekennzeichnet durch das Walten der göttlichen Barmherzigkeit. Man kann sich verirren, sündigen und aus der Verirrung zurückkehren, indem man nicht mehr sündigt; denn wenn man sich wieder verirrt, so gering es auch sei, und wieder zurückkehrt, waltet die göttliche Barmherzigkeit immer.

Außerdem können wir die Früchte unserer guten Taten beim Tode ernten, wenn nicht schon auf Erden. Es ist auch möglich, sich noch mehr Gnaden zu verdienen.

Aber beim Tode hört jedes Verdienst auf, denn die Seele hat nicht mehr die freie Wahl zwischen Gut und Böse. Das ist die Zeit der Gerechtigkeit, der Ernte.

Im Fegefeuer weiß sich die Seele geschaffen für den Himmel, denn sie hat trotz ihrer Fehler für Gott gestimmt. Aber für sich selbst was zu tun, ist sie nicht mehr in der Lage.

Sie ist wie in der Nacht, wo sie nicht mehr arbeiten kann noch Verdienste sammeln kann (Joh 9,4). Sie ist wie der Gelähmte, der geheilt werden will und sich nicht in das Badebecken werfen kann, wenn das Wasser vom Engel bewegt wird, so wie ihn andere Kranke daran hindern, die ihm immer zuvorkommen (Joh 5,9).

Deshalb kann die Seele ihr Leiden nicht mildern, trotz ihrer Liebe zu Gott, trotz ihrer Ergebung in das Leiden, das sie verdient hat. Aber die Barmherzigkeit Gottes kann für sie eintreten, dank unseres Gebetes und Wandels.

Wenn wir für sie beten und für sie Akte der Liebe vollbringen, erleichtern wir ihre Befreiung, sowohl was ihre Qual als auch die Dauer anbelangt.

Wenn die Menschen sich im Gebet vereinen oder gemeinsam Werke der Liebe vollbringen, helfen sie den Seelen im Fegefeuer, denn das Reich Gottes breitet sich wieder etwas mehr auf der Erde aus. Man erzeugt dadurch einen Widerhall und ein Strahlen im Jenseits zugunsten der Seelen im Fegefeuer, zur Freude der Heiligen und Engel im Himmel. Es ist wie mit einem ausgezehrten Körper; wenn man ihm Nahrung gibt, geht es dem ganzen Leib besser, nicht nur dem Magen. Oder wie mit Kindern, die man erzieht: Sie bringen durch ihre Erziehung Segen auf andere Kinder und tragen zur Entwicklung des ganzen Milieus bei, in dem sie später leben werden.

Ermahnung

Solange wir auf dieser Welt sind und es noch Tag ist, müssen wir mitarbeiten bei den Werken Gottes, und die Talente, die wir empfangen haben, Frucht bringen lassen (Mt 25,14-30). *Welches Mitleid müssen wir doch für die Seelen im Fegefeuer empfinden, die ohnmächtig sind, ihre Qualen zu mildern oder abzukürzen, da wir doch tausend Mittel haben, ihr Los zu erleichtern. Durch ihr Gebet erreichten*

Martha und Maria die Auferweckung des Lazarus; durch unser Gebet können auch wir viel für unsere Verstorbenen erreichen. Lassen wir uns ihr Heil am Herzen gelegen sein, zum Ruhme Gottes, zu ihrem Glück und zu unserer Freude.

Beispiel

Es entstand ein Streitgespräch zwischen zwei dominikanische Mönchen; Bertrand und Benedikt diskutierten darüber, um herauszubringen, was für uns nützlicher ist und Gott wohlgefälliger: Ihm unsere guten Werke für die Erleichterung der Seelen im Fegefeuer anzubieten, oder sie für die Bekehrung der Sünder aufzuopfern. Bertrand sagte, dass die Sünder in einem Zustand der Verdammnis seien und umgeben von den Fallstricken der Hölle, während den Seelen im Fegefeuer ihr ewiges Heil zugesichert ist. Sie sind die Freunde Gottes, während die Sünder seine Feinde sind. Benedikt erwiderte, dass die Sünder in ihrem traurigen Zustand aus eigenem Willen sind, während die Seelen im Fegefeuer umkettet sind von großen Foltern: «Sagt mir doch, wenn ihr vor euch zwei Bettler hättet, der eine in der Lage, seinen Lebensunterhalt zu verdienen, der andere unfähig, seinen Bedürfnissen nachzukommen, wem würdet ihr helfen? Die Seelen im Fegefeuer sind in ein Meer von Leiden getaucht und können sich keine Erleichterung verschaffen. Aber die Sünder sind vor Gott wie Rebellen und Feinde. Müssen wir uns nicht viel eher für die Freunde abmühen als für seine Feinde?» Aber Bertrand ergab sich seinen

Argumenten nicht. In der folgenden Nacht erschien ihm eine Seele des Fegefeuers, beladen mit einem Gewicht, das sie nicht tragen konnte. Die Erscheinung näherte sich Bertrand und belud ihn mit dieser unerträglichen Bürde. Seine Qual war so stark, dass er die Wichtigkeit verstand, für die Seelen im Fegefeuer zu beten. So las er am Morgen seine Messe für die Seelen der Verstorbenen mit großer Ehrfurcht.

Gebet

Herr, ich weiß, dass man «durch den Glauben Berge versetzen kann» und, «wir alles können in deinem Sohn, der uns stärkt», und bitte dich, erleichtere die Qualen der Seelen im Fegefeuer und kürze sie ab. Dass sie «die ganze Liebe deines Sohnes fühlen, die ausgegossen ist in unseren Herzen» und die wir ihnen vermitteln. Dass sie von ihren Qualen befreit sein mögen und in dein Reich eingehen können. Herr, wir bitten dich darum, dich, der gut ist durch alle Zeit bis in Ewigkeit.

Maria, Trösterin der Betrübten, gnadenreiche Mutter und unsere Mutter, sieh an meine Brüder, die durch das Gewicht der Qualen niedergedrückt sind. Du hast einst bei der Folter des Kreuzes getröstet; auf meine Fürsprache hin mögest du meinen leidenden Brüdern im Fegefeuer zu Hilfe eilen und ihnen ihre Qual erleichtern, indem du sie stärkst in der Gewissheit, dass Gott sie für den Himmel bestimmt hat.

Herr, mögen die Seelen der verstorbenen Gläubigen durch deine Barmherzigkeit ruhen in Frieden.

11. Tag: Die Liebe Gottes

Gott ist Liebe (1 Joh 4,8). Er empfindet eine unendliche Liebe für alle seine Geschöpfe ohne Ausnahme. Er liebt jede Seele im Fegefeuer, denn jede ist sein Geschöpf. Er empfindet eine einzigartige Liebe für jede, weil er den Menschen nach seinem Bild und Gleichnis erschaffen hat (Gen 1,26).

Im Fegefeuer fühlt sich jede Seele tief geliebt. Jede begreift diese einzigartige Liebe für sie. Und das tröstet sie in ihrer Läuterungsqual. Gott ist verzehrendes Feuer (Dtn 4,24), das in jede Seele eindringt, in ihr eine unwiderstehliche Anziehung hervorruft und eine unbegreifliche Liebe zu Gott. Diese verzehrende Liebe Gottes zieht sie an wie ein Magnet eine Vielzahl kleiner Nadeln anzieht. Durch dieses Läuterungsfeuer hindurch fühlen die Seelen, wie sehr sie von Gott geliebt werden. Durch diese jetzige Qual noch nicht ganz in das Meer der Liebe, das Gott ist, eingetaucht werden zu können, fühlen sie den wachsenden Trost, einmal unwiederbringlich und für immer bei Gott zu sein.

Seine unwiderstehliche Liebe reinigt sie in dem Maße, in dem sie sich in ihnen ausbreitet, bis sie ganz Liebe geworden sind in ihm. Es ist eine beständige Umformung, die sich in ihnen vollzieht bis zu ihrer völligen Reinigung und zu ihrem Eintauchen in Ihm. Es ist ein ständiger Austausch von Liebe, der sich zwischen ihm und den

Seelen im Fegefeuer ausbreitet. Diese Liebe macht sie heilig. Sie nehmen schmerzvoll wahr, dass ihre Sünden diese brennende Liebe für sie nicht auslöschen konnten. In dieser Liebe Gottes weichen sie auf und lieben Gott mit wachsender Reinheit und Stärke.

Die Liebe, die Gott ihnen bringt, ist so rein, so zart und vollkommen, dass sie sich wirklich als Erben Gottes fühlen (Gal 4,7). So können sie nichts tun, als Gott immer mehr zu lieben, denn er ist ihr ganzes Glück.

Sie lassen sich tätig und schmerzhaft von dieser Liebe fortziehen, die sie immermehr ausstrahlen, wie eine Lampe, die sich entzündet, bis sie ihre Vollkommenheit in Gott erreicht haben, in dem sie zu ihrer vollen Blüte gelangen.

Ermahnung

Wie viele Gründe haben wir doch, diese gesegneten Seelen zu lieben, die beständig zunehmen an Heiligkeit! Sie sind wohl würdig unserer Sympathie. Haben wir Mitleid mit diesen Seelen, die immer empfänglicher werden für die Liebe Gottes. Sie brauchen noch unsere Hilfe, unsere vielfältigen Liebeserweise, denn das soll sie noch mehr auf Gott hin öffnen. Bald werden sich die Rollen vertauschen: Sie werden unsere Helfer im Himmel, vereint mit dem Mittler Jesus, der das Haupt des mystischen Leibes ist, den wir alle zusammen sind, wir, die wir auf dem Weg zur himmlischen Herrlichkeit sind. Sie werden uns das vergelten, was wir zu ihrer Reinigung für sie getan haben.

Nichts ist verloren, was wir für sie tun. Jedes Körnchen Liebe, das man in sie sät, bringt Frucht im Himmel und für uns Segen.

Beispiel

Die Seele einer Frau, die in Luxemburg starb (von der die Rede war am 7. Tag dieses Werks), und oft einem jungen Mädchen erschien bei Messen, an denen sie teilnahm, erklärte ihr die Hauptgründe für ihre Erscheinung an diesem Ort: «Ah! Du weißt nicht, welche Qual es ist, fern von Gott zu sein, wenn man ihn einmal gesehen hat. Nichts kann dieses Leid ausdrücken. Es zieht mich zu ihm hin durch ein brennendes Verlangen, eine unerträgliche Angst, einen unwiderstehlichen Antrieb. Ohne bei ihm zu sein als Züchtigung für meine Fehler ist für mich ein so großer Schmerz, dass das Feuer, das mich umgibt, nichts ist im Vergleich dazu. Um den Kummer um diese Entfernung von Gott zu mildern, hat der liebe himmlische Vater mir erlaubt, wieder in diese Kirche zu kommen und ihn auf Erden anzubeten, bis zu dem Tag, an dem ich ihn in seinem himmlischen Palast besitzen werde. Sogar unter dem Schleier des heiligen Geheimnisses der Eucharistie erfreut mich seine Gegenwart so sehr, dass ich nur für ihn lebe. Wie wird es erst sein, wenn ich ihn von Angesicht zu Angesicht im Paradies sehe.» Sie flehte das junge Mädchen an, diesen glücklichen Augenblick zu beschleunigen durch seine Gebete, Messen und Kommunionen. Das junge Mädchen tat das mit solcher Inbrunst, dass es diese Seele bald strahlender als die Sonne sich ins Paradies erheben sah.

Gebet

Mein Gott, du hast gesagt: «Du sollst Gott, deinen Herrn, lieben aus deinem ganzen Herzen, aus deiner ganzen Seele, aus deinem ganzen Gemüte.» Gib, dass ich immer die Kraft habe, dich mehr als alles zu lieben, denn ich «kehre zurück zu dir» um getauft zu werden, eingetaucht zu werden in ein Meer des lebendigen Wassers deiner Liebe.

Du kennst meine ganze Schwachheit; dennoch «vertraue ich auf dich, der du mein Vater bist», und «ich gebe mich in deine Hände», damit du Wohlgefallen finden kannst an mir, der ich ein Glied am Leibe Christi bin, «in den du deine ganze Liebe legst».

Ich preise dich und danke dir für die Liebe, die meine Brüder im Fegefeuer dir erweisen, für diese Liebe, die von dir kommt, denn «du hast sie zuerst geliebt», für diese Liebe, die sie zu dir drängt, denn sie sind eingehüllt von deiner Liebe, um an ihre Ursprungsquelle zurückzukehren.

Dass meine Liebe zu dir sich über alle Seelen im Fegefeuer ergießen möge! Da man «zu jeder Zeit und unter allen Umständen gnädig sein soll», gib, dass mein Gebet zu ihrer Erleichterung, vereinigt mit dem deiner himmlischen und irdischen Kinder, Wellen der Liebe aussendet, die bis zum Herzen meiner Brüder im Fegefeuer dringt, damit sie befreit und in dir verherrlicht werden. Herr, mögen die Seelen der verstorbenen Gläubigen durch deine Barmherzigkeit ruhen in Frieden.

12. Tag: Die brüderliche Liebe

Wir, die wir auf Erden wohnen, bilden mit den Heiligen des Himmels und mit den Seelen im Fegefeuer «einen Leib in Christus und jeder ist für sich dem anderen ein Glied» (Röm 12,4-6).

Wir sind der Leib Christi, er ist das Haupt und wir die Glieder (1 Kor 12,27; Eph 5,30).

Wir sind uns unserer Gemeinschaft in Gleichheit und Freundschaft bewusst. Um so mehr der Eine dem Anderen in Freundschaft und Liebe verbunden ist, um so mehr fühlen wir, was der Einzelne zu seinem Glück braucht. Um in den Himmel einzugehen, in die Liebe Gottes, muss man ein reines Herz haben (Mt 5,8).

Wir beeinflussen uns gegenseitig: Wir strahlen Licht oder Dunkel, je nachdem, wie es in unserem Herzen ist (Mt 6,22; 15,19). Das Gute, das wir von unserem Nächsten empfangen, erfreut uns, umstrahlt uns und erhebt uns. Genauso ist es mit denen, die wir auf Erden gekannt und geliebt haben, und die auf dem Wege der Läuterung sind, um die ewige Freude bei Gott zu erlangen. Jeder gute und liebe Gedanke der Verzeihung und Liebe, jede Geste oder Tat, die ihretwegen gemacht wurde, besänftigt ihre Qual, noch nicht ganz rein zu sein, und verschafft ihnen eine Wohltat, die sie noch mehr für Gott öffnet und sie durchlässiger macht für seine Liebe. Die Seelen im Fegefeuer sind machtlos, sich selbst zu helfen; sie warten beständig auf unsere Hilfe. Um so mehr wir uns läutern und in der göttlichen und brüderlichen Liebe heiligen, um so mehr nützen wir durch unsere Erhebung zu Gott und unsere wachsende Liebe unseren lieben Verstorbenen.

Eine Seele, die sich erhebt, erhebt die Welt genauso auf Erden wie im Jenseits. Man muss viel Liebe im Herzen haben, was immer wir tun, damit die, die uns ins Jenseits vorausgegangen sind, davon Segen erlangen, zu ihrem und zu unserem Glück.

Lieben wir nicht nur mit Worten, sondern in der Tat und Wahrheit (1 Joh 3,18).

Jede Seele im Fegefeuer hat Hunger, Durst, ist krank und im Gefängnis... und braucht unsere Liebe. Alles, was wir für diese Seele tun, erweisen wir Christus (Mt 25, 35-40).

Diese Seelen lieben uns und wollen unser Bestes und unser Glück in ihrer Liebe. In dem Maße, in dem wir sie lieben, geben sie uns ein, was wahr, ehrenhaft und richtig in unserem Leben und in unseren Beziehungen ist, damit wir vermeiden können, so zu leiden wie sie (Lk 16,28), um das Kommen des Reiches Gottes zu beschleunigen und die Erfüllung seines Willens, der ist, dass jeder Mensch das Leben in Fülle hat, und dass diese Fülle auf alles ausstrahlt (Mt 6,10; Joh 6,40).

Ermahnung

Wie wäre es um unsere Nächstenliebe bestellt, wenn wir die Seelen unserer Angehörigen und Freunde, die für ihre Reinigung leiden, nicht lieben würden. Lieben wir sie wie uns selbst, lieben wir sie wie Jesus uns liebt. So verschaffen wir ihnen Erleichterung und verhelfen ihnen zum Aufstieg ins Licht und in die Liebe Gottes.

Keine dieser lieben Seelen ist uns fremd. Wir haben denselben Vater im Himmel und uns allen ist das gleiche Glück bestimmt. Im Schweigen unserer Seele hören wir ihre Hilferufe, ihren Aufruf zur Liebe und zur Verzeihung, ihre Aufrufe, unser Herz ihnen zuzukehren, mit Gebet ihrem Heil uns hinzuwenden und unseren irdischen Brüdern zu dienen.

Beispiel

Die Seelen, denen man zur Erleichterung verholfen hat, werden uns in den Dingen des Diesseits beistehen, und drücken uns so ihre Dankbarkeit und Liebe aus.

In Paris, im Jahre 1827, hatte es sich eine arme Magd zur Gewohnheit gemacht, jeden Monat eine Messe für die Armen Seelen im Fegefeuer lesen zu lassen und dieser Messe beizuwohnen. Sie wurde geprüft durch eine lange Krankheit, die sie schwer leiden ließ und durch die sie ihre Stellung verlor. Bald hatte sie alles ausgegeben, was sie verdient hatte. Am Tage, als sie gehen musste, blieb ihr gerade noch soviel für ein Meßstipendium. Auf der Suche nach einer Anstellung kam sie an der Kirche Saint-Eustache vorbei. Sie ging hinein und betete mit großer Zuversicht. Als sie einen Priester am Altar erblickte, erinnerte sie sich, dass sie für den laufenden Monat ihre gewöhnliche Messe für die Verstorbenen noch nicht lesen ließ. Sie hatte nur noch zwanzig Rappen, um ihr

Abendessen zu bezahlen. Aber was tun? «Schließlich», so sagte sie sich, «sieht der liebe Gott, dass es für ihn ist, und er wird mich nicht verlassen.» Also gab sie ihr Meßstipendium auf und wohnte der Messe mit ihrer gewohnten Frömmigkeit bei. Dann setzte sie ihren Weg fort, ganz besorgt. In diesem Kummer befand sie sich, als ein junger Mann in ziemender Haltung sich ihr näherte und sagte:

– Sie suchen eine Stelle?

– Ja, mein Herr, antwortete sie.

– Gut! Gehen Sie in die und die Straße, an die und die Hausnummer! Ich glaube, dass Sie dort eine Anstellung finden und es gut haben werden.

Und er verschwand, ohne auf den Dank der armen Magd zu warten. Als sie bei dem genannten Haus ankam, sah sie eine Magd, die herauskam mit Worten des Zorns und der Klage auf den Lippen. Die Neu-Angekommene fragte sie, ob die Herrin des Hauses da sei. «Vielleicht schon, vielleicht nicht», antwortete die andere, «was kümmert es mich? Ich habe damit nichts mehr zu tun. Adieu.» Die arme Magd läutete zitternd, und eine sanfte Stimme forderte sie zum Eintreten auf. Sie stand einer älteren Dame gegenüber mit ehrwürdigem Aussehen, die sie ermunterte, ihr Anliegen darzulegen.

– Madame, ich habe heute morgen erfahren, dass Sie eine Magd bräuchten, und ich komme, um Ihnen meine Dienste anzubieten. Man hat mir versichert, dass Sie mich mit Güte aufnehmen.

– Aber, liebes Kind, was Sie mir da sagen, ist äußerst seltsam, weil ich heute morgen noch niemanden brauchte.

Erst vor einer halben Stunde habe ich eine freche Haus-angestellte hinausgeworfen und keine Menschenseele außer mir und ihr weiß das sonst. Wer schickt Sie also?

– Ein junger Mann, den ich auf der Straße getroffen habe, antwortet sie.

Die alte Dame konnte nicht verstehen, wer dieser junge Mann sein könnte, als die Magd die Augen an der Wand entlangschweifen ließ und ein Porträt erblickte.

– Da, Madame, Sie brauchen nicht mehr lange zu su-chen, sagte sie, das ist ganz genau das Gesicht des jun-gen Mannes, der mit mir gesprochen hat; von ihm wurde ich zu euch geschickt.

Bei diesen Worten stößt die Dame einen Schrei aus und lässt sich die ganze Geschichte nochmals erzählen: die Ehrfurcht für die Seelen im Fegefeuer, die Messe am Morgen, das Zusammentreffen mit dem jungen Mann. Dann wirft sie sich an den Hals der armen Magd, um-armt sie mit Liebe und sagt zu ihr:

– Sie werden nicht meine Magd sein, sondern von die-sem Augenblick an sind Sie meine Tochter. Es war mein einziger Sohn, den Sie gesehen haben; mein Sohn ist vor zwei Jahren gestorben und Sie haben ihn zweifellos aus dem Fegefeuer erlöst. Seien Sie gesegnet und beten wir zusammen für alle, die leiden, bevor sie in die ewige Glückseligkeit eingehen.

Gebet

Guter Gott, du «lässt denen, die dich lieben, alles zum Besten gereichen», und denen, die «ihre Brüder in Not» lieben. Sei gepriesen und gedankt für die brüderliche Liebe, die du in die Herzen guten Willens eingießt.

Sei gepriesen für die Gemeinschaft des Himmels, des Fegefeuers und der Erde, und die brüderliche Hilfe, die wir uns gegenseitig erweisen können, damit wir deinen heiligen Willen in Hinsicht auf dein Reich erfüllen. Du hast uns dafür erschaffen und uns «dafür bestimmt von Anbeginn der Welt».

Herr, mögen die Seelen der verstorbenen Gläubigen durch deine Barmherzigkeit ruhen in Frieden.

13. Tag: Das Gedenken

Aus den Augen, aus dem Sinn. Mit der Zeit wird unser Name in Vergessenheit geraten.

Ist es nicht eine Schwäche des Menschen, die nicht mehr zu kennen und zu vergessen, mit denen man gelebt hat? Als Joseph, nachdem er von seinen Brüdern verkauft worden war, und nach Ägypten gebracht, ungerechterweise mit dem Mundschenk und dem Koch des Pharaos ins Gefängnis geworfen worden war, deutete er seinen Gefährten die Träume, die sie hatten. Er bat den Mundschenk, sich seiner zu erinnern, wenn er wieder in sein Amt beim Pharao eingesetzt war. Erst zwei Jahre nach seiner Befreiung erinnerte sich der Mundschenk an Joseph, den er in seinem Gefängnis vergessen hatte. Geschieht es nicht auch uns, dass wir Angehörige und sehr liebe Freunde vergessen, die der Tod hinweggerafft hat? Geschieht es uns nicht, dass wir das Gute vergessen, das sie uns getan haben, den Wohlstand, den sie uns erworben haben, im Schweiße ihres Angesichts, die Dienste, die sie uns erwiesen haben?

Da wir zu sehr mit unseren Angelegenheiten und unserem diesseitigen Leben beschäftigt sind, vergessen wir darüber das jenseitige Leben und die, die uns verlassen haben, und kümmern uns nicht um ihr ewiges Glück. Glücklicherweise lädt uns die Kirche ein, uns an sie zu erinnern, und ermutigt uns, für sie zu beten. Als der arme Lazarus an der Türe des Reichen lag, hätte er sich gerne mit dem gesättigt, was vom Tisch des Reichen fiel, aber der Reiche kümmerte sich nicht darum.

Denken wir daran, dass einige unserer verstorbenen Angehörigen und Freunde auf einige Krümmelchen des Gebets und der Liebeswerke für sie warten, um ihnen zu helfen, aus dem Läuterungsgefängnis herauszukommen. Für das Gute, das sie uns getan oder hinterlassen haben, könnten wir ihnen einige Krümmelchen davon verweigern, die davon aufgehoben werden, um ihren Hunger nach Gott und dem Himmel zu besänftigen und ihnen erlauben würden, schneller dahin zu kommen? Selbst wenn eine Mutter ihr Kind vergäße, ich werde es niemals vergessen, so spricht Gott (Jes 49,15), und Jesus sagt uns: «Seid vollkommen, wie euer himmlischer Vater vollkommen ist» (Mt 5,48).

Ermahnung

Denken wir an die Qual, die unsere verstorbenen Angehörigen und Freunde empfinden können, wenn wir sie vergessen, da sie es doch so nötig brauchen, dass wir uns an sie erinnern. «Wir vergessen sie zu schnell, wo sie uns doch während ihres Lebens so geliebt haben», sagte der heilige Franz von Sales. Wenn wir zurückblicken, so finden wir so viele Angehörige und Freunde, deren Andenken eingefroren wurde in ihren Gräbern, kurz nach ihrem Begräbnis. Wenn wir nicht wollen, dass wir das nach unserem Tode bedauern müssen, und wegen unseres Mangels an

Liebe leiden müssen; frischen wir doch unser Gedächtnis auf und erinnern wir uns dieser lieben Verstorbenen und geben wir ihnen einige Krümmelchen an Liebe und Gebet. Wenn sie in den Himmel eingegangen sind, können sie es uns schon hienieden vergelten. So auch Gott, denn Jesus sagt: «Mit welchem Maß ihr messt, so wird euch zugemessen werden» (Mt 7,2).

Beispiele

Eine verstorbene Mutter, die von ihrem Kind vergessen wurde, erschien eines Tages ihrem Sohn und sagte zu ihm: «Mein Sohn, denk ein bisschen an deine Mutter! Höre meine Seufzer und habe Acht auf meine Bitten! Betrachte meine Qual! Beeile dich, mir in diesem Feuer zu Hilfe zu kommen, dessen Hitze sich niemand vorstellen kann. Bete, gebe Almosen, lass Messen lesen! Warum zögerst du so sehr, mir zu Hilfe zu kommen? An meinem Sterbebett hast du geweint und versprochen, für mich zu beten. Wenn ein einziger Funke von dem Feuer, das mich brennt, auf dich fallen würde, würde er dir großes Leiden verursachen. Wenn du mir nicht zu Hilfe kommen willst, wen sollte ich dann anrufen?»
Von diesem Augenblick an verstand der Sohn besser, was seine Pflicht war und tat alles, was seine Mutter ihn gebeten hatte.

Denis von Chartreux verfiel in große Betrübnis, als er vom Tode seines Vaters erfuhr. Aber er vergaß, für die

Erleichterung seiner Seele zu beten, und betete nur, um zu erfahren, in welchem Zustand sie sich im anderen Leben befände.

Eines Abends, als er in der Kapelle war und den Himmel bat, ihm diesen Trost nicht zu verweigern, hörte er eine Stimme zu ihm sagen: «Warum eigentlich diese nutzlose Neugierde! Wieviel besser wäre es, für die Befreiung deines Vaters aus den Flammen des Fegefeuers zu beten; das würde ihm und dir mehr nützen.» Diese Worte waren ihm eine heilsame Ermahnung, und er verwandte seine Mühe darauf, die Befreiung seines Vaters zu erbitten. In der folgenden Nacht sah er im Traum die Seele seines Vaters in lodernde Flammen getaucht, die, zu ihm gewandt, rief: «Erbarmen! Erbarmen! Mein Sohn! Hab Mitleid mit meinem bedauernswerten Zustand! Hilf mir mit deinen Gebeten! Tue für mich fromme Werke! Beeile dich! Verliere keinen Augenblick!»

Darauf verdoppelte Denis seinen Eifer, bis er erfuhr, dass sein Vater in den Himmel eingegangen war.

Eine Mutter beweinte ihren Sohn, auf den sie gezählt hatte, dass er sie in ihrem Alter unterstützen würde. Sie war untröstlich und weinte oft bei dem Gedanken, dass sie ihre Tage allein beenden müsse.

Eines Tages sah sie in ihrem Schmerz eine Schar junger Leute, die herrlich gekleidet waren, auf einer Straße voranschreiten. Als sie eifrig darunter nach ihrem Sohn suchte, ob sie ihn nicht zufällig sähe, sah sie ihn wirklich, aber hinter den anderen, wie er sichtlich ermüdet unter dem Gewicht seiner ganz durchnässten Kleider einherging. Da rief sie ihn an:

– Warum denn, liebes Kind, bleibst du so weit von dieser strahlenden Schar weg?

– O meine Mutter! antwortete er, mein Schritt verzögert sich durch eure nutzlosen Tränen, die meine Kleider durchnässt haben und sie sehr schwer gemacht haben. Hört doch auf, soviel zu weinen, was mir überhaupt nichts nützt! Wenn ihr wollt, dass meine Leiden auf dieser Straße zum Himmel aufhören, dann wendet mir die Verdienste eifrigen Betens zu, von Almosen geben und Messen, die für mich gelesen werden. Dadurch werdet ihr mich von den Qualen befreien, unter denen ich stöhne, und ihr werdet mich in das selige Leben einführen. Die Schauung verschwand. Jetzt verstand die Mutter, was sie tun muss.

Gebet

«Selbst wenn eine Frau ihr Kind vergäße, du, o Herr, vergisst mich nie»; du hast mich «eingeschrieben in deine Hand». Du hast mich «erschaffen nach deinem Bild und Gleichnis» und du willst, dass ich «vollkommen bin, wie du vollkommen bist». Ich bitte dich um Verzeihung für das Vergessen meiner Brüder im Leiden, für meine Gleichgültigkeit wegen meiner irdischen Beschäftigungen, für meine persönlichen Sorgen, die mich die anderen vergessen lassen, die viel mehr als ich leiden. Hilf mir, dass ich mich an alle erinnere, die zu meinem Weg zu dir in diesem irdischen Leben beigetragen haben, an die, die mir Liebe

gegeben haben und Zeit, an die, die sich um mein Bestes gekümmert haben.

Herr, mögen die Seelen der verstorbenen Gläubigen durch deine Barmherzigkeit ruhen in Frieden.

14. Tag: Das Gebet

Das Gebet ist das erste und einfachste Mittel, um den Seelen im Fegefeuer Erleichterung zu verschaffen. Es ist das einfachste Mittel, denn jedermann kann es anwenden, es steht den Reichen wie den Armen, den Starken wie den Schwachen, kleinen Kindern wie alten Leuten gleichermaßen zur Verfügung. Man kann für sie beten, gleichgültig zu welcher Tages- oder Nachtzeit und gleichgültig wo. Das Gebet ist der aufrichtige Aufschwung des Herzens zu Gott. Dafür gibt es kein Hindernis weder der Entfernung noch der Dauer; es erhält alles und siegt über alles. Der heilige Thomas versichert, dass Gott die Gebete für die Toten mit größerer Gunst annimmt als die für die Lebenden.

«Wenn also ihr, die ihr böse seid, euren Kindern gute Gaben zu geben wisst, wieviel mehr wird dann euer Vater, der im Himmel ist, denen Gutes geben, die ihn darum bitten» (Mt 7,11).

Wer unter uns, der den Tod eines Angehörigen beweint und weiß, dass ein Gebet mit Liebe verrichtet, ihnen Erleichterung bringt, wer würde sich nicht ans Gebet begeben? Unser Gebet wird diesen lieben Seelen, die Opfer ihrer Unvollkommenheiten und Fehler sind, mehr nützen als unsere Tränen und unsere Blumen.

Die Seelen im Fegefeuer sind trotz ihrer Läuterung Gott näher als wir, weil sie endgültig ja zu ihm gesagt haben.

Alles, was wir für sie tun, jedes Gebet ist eine wirkliche Wohltat für sie; Gott hört die Gebete, die ihm zu ihrer Erleichterung dargebracht werden, weil sie uneigennützig sind. Er hat es gerne, wenn wir an andere denken, die in Not sind, weil wir dann die Nächstenliebe leben, und Gott dort gegenwärtig ist, wo es Liebe gibt. «Wer seinen Bruder liebt, bleibt im Licht» (1 Joh 2,10). «Alles, was wir erbitten, empfangen wir von ihm, weil wir seine Gebote hatten und tun, was ihm gefällt» (1 Joh 3,22). Die Kirche hat uns ganz einfache Gebete für die Verstorbenen gelehrt:

«O Herr, gib ihnen die ewige Ruhe und das ewige Licht leuchte ihnen…!»

«Herr, mögen die Seelen der verstorbenen Gläubigen durch deine Barmherzigkeit ruhen in Frieden.»

Die Kirche lädt uns auch ein, den Psalm 130, das *De profundis* für die Verstorbenen zu beten. Dieser Psalm drückt die Gefühle der Seele im Leiden aus: Bitten, Qual, Hoffnung; er drückt das Gebet der Seele im Fegefeuer aus:

«Aus der Tiefe rufe ich, Herr, zu dir:
Herr, höre meine Stimme!
Wende dein Ohr mir zu,
achte auf mein lautes Flehen!
Würdest du, Herr, unsere Sünden beachten,
Herr, wer könnte bestehen?
Doch bei dir ist Vergebung,
damit man in Ehrfurcht dir dient.
Ich hoffe auf den Herrn, es hofft meine Seele,
ich warte voll Vertrauen auf sein Wort.

Meine Seele wartet auf den Herrn
mehr als die Wächter auf den Morgen.
Mehr als die Wächter auf den Morgen
soll Israel harren auf den Herrn.
Denn beim Herrn ist die Huld,
bei ihm ist Erlösung in Fülle.
Ja, er wird Israel erlösen
von all seinen Sünden.»

Ermahnung

Wie undankbar wäre es, über unsere Toten zu weinen, weil sie nicht mehr sichtbar bei uns sind! Es wäre ein Egoismus. Sie brauchen vielmehr unsere Gebete, das Gefühl, dass wir ihnen nahe sind im Gebet, das Gefühl, dass wir für sie zu Gott kommen, das Gefühl, dass wir mit unserem Gebet nicht geizen und dass wir für ihr wahres ewiges Glück Sorge tragen als Beweis unserer wirklichen Liebe zu ihnen.

Beispiele

Ein Franziskanermönch erschien eines Tages dem seligen Konrad von Offida, umgeben von lodernden Flammen und flehte ihn an, er möge ihm durch seine Gebete Erleichterung verschaffen von den lebhaften Qualen, die er empfand. Der Heilige betete fromm ein Vaterunser für ihn mit der Anrufung «O Herr, gib ihnen die ewige Ruhe und das ewige Licht leuchte ihnen.»

Der Verstorbene fühlte dadurch eine große Erleichterung. Er bat den Mönch, das Gebet nochmals zu beten, was dieser auch eilends tat.

Diese Seele fühlte, wie ihre Leiden wieder geringer wurden und rief aus: «Durch Gottes Barmherzigkeit, weiter Konrad! Dieses Gebet verschafft mir soviel Gutes!» Und der Diener Gottes wiederholte es hundertmal. Beim hundersten Male wurde das Flehen des Verstorbenen zu Erweisen der Dankbarkeit und Freude; er war erlöst vom Fegefeuer und ging in die Herrlichkeit des Himmels ein.

Kaiser Otto IV. war ein großzügiger Wohltäter der Ordensgemeinschaften. So empfing er nach seinem Tode große Erleichterung von den Gebeten und Bußwerken der Ordensleute. Er starb im Ruf großer Frömmigkeit, die er zeitlebens an den Tag gelegt hatte, und jeder glaubte ihn im Himmel.

Eines Tages zeigte er sich einer seiner Tanten, Äbtissin eines Klosters, um die Hilfe ihrer Gebete zu erbitten. Sie hörte es plötzlich an ihre Türe klopfen, die sich von selbst öffnete. Da stand der Kaiser, der sich in der Haltung eines Bittstellers näherte. «Ich bin ins andere Leben hinübergegangen, und ich leide schwer im Fegefeuer. Setzt die Klosterangehörigen in Kenntnis, damit sie mir zu Hilfe kommen. Man soll für mich viele Male das *De profundis*, das Vaterunser und das Ave beten. Diese Gebete werden mich läutern. Ich habe den Orden Gutes getan und Gott will mich durch sie erlösen.» Die Ordensfrau machte die

Ordensangehörigen aufmerksam und sie erfüllten das, worum der Verstorbene gebeten hatte.

Wenige Tage später erschien die Seele wieder am gleichen Ort. Aber welcher Unterschied! In ihr brannte ein solches Licht, eine solche wunderbare Herrlichkeit umgab sie, dass die Augen davon geblendet wurden. Mit rührenden Ausdrücken flog sie ins Paradies.

Gebet

– Unser Vater, von dir haben wir alles, und zu dir gehen wir.
– Du bist im Himmel, jenseits dieser sichtbaren Welt und gegenwärtig im Geheimnis.
– Dein Name werde einmütig geheiligt und angebetet von deinen Kindern im Himmel, im Fegefeuer und auf der Erde, denn du bist heilig, heilig, heilig, Gott des Alls, und Himmel und Erde sind erfüllt von deiner Herrlichkeit.
– Dein Reich komme und deine Liebe möge in alle Herzen dringen und in deiner ganzen Schöpfung aufstrahlen; mögen die Wahrheit und das Leben, die Heiligkeit und die Gnade, die Gerechtigkeit, die Liebe und der Friede ewig währen und allumfassend sein.
– Dein Wille geschehe wie im Himmel so auf Erden, dass wir eins seien in deinem Sohn und erfüllt von deinem Geist der Liebe, zu deinem Ruhm und zu unserem Heil, schon jetzt auf Erden wie einst im Himmel.
– Gib uns heute unser tägliches Brot, das Brot deines Wortes, die Nahrung des durch Maria fleischgewordenen Wor-

tes, damit wir das Leben in Fülle haben, und die Nahrung des Geistes, des Herzens und des Leibes.

– Vergib uns unsere Schuld, wie auch wir vergeben unseren Schuldigern, weil du gut und barmherzig bist und uns dir gleich machst, zu deinem Spiegelbild für unsere Brüder in unserer verzeihenden Liebe für sie.

– Führe uns nicht in die Versuchung, ohne dich leben zu wollen, an uns selbst und an die irdischen Dinge verhaftet; – sondern erlöse uns von dem Bösen, dem Fürsten dieser Welt, um nur noch dir zu gehören. Amen.

15. Tag: Die Eucharistie

Wenn wir das tun, was Jesus geboten hat zu seinem Gedächtnis zu tun, das heißt die Messe oder Eucharistie, vereinigen wir uns bei der Erlösungstat Christi, als er die Menschheit rettete. Die ganze irdische Kirche, die des Fegefeuers und die des Himmels ist dabei vereinigt.

Bei jeder Messe sind wir in Gemeinschaft mit Jesus und seinem ganzen mystischen Leib: die Heiligen des Himmels, die Seelen im Fegefeuer und die Menschen guten Willens auf Erden.

Bei jeder Messe reinigt das Blut Jesu, «das vergossen ist für die vielen zur Vergebung der Sünden», immerfort alle Seelen, die es nötig haben, sowohl in dieser Welt wie auch in der anderen. Bei der Messe nimmt das Lamm Gottes die Sünde der Welt hinweg. Bei jeder Messe verwirklicht sich der Wunsch Jesu, uns mit ihm zu vereinen, immer mehr. Seine Gnade strahlt in alle Seelen guten Willens und verbindet uns immer mehr mit Gott und untereinander. Um so mehr die Messe mit tiefem und aufrichtigem Beten gefeiert wird, um so mehr dringt die Gnade Gottes in uns ein und strahlt in uns, wie eine Sonne, die alles um sich her erleuchtet. Darum kommen viele Seelen des Fegefeuers, um sich in dieses strahlende Licht zu tauchen, das sie immer mehr läutert, bis sie in die Herrlichkeit eingehen, in diese himmlische Herrlichkeit, an der die ganze Schöpfung teilhat.

Die Messe ist das wirksamste Mittel zur Erleichterung der Seelen im Fegefeuer, denn mit Christus, durch ihn und in ihm gehen wir zum Vater, durch ihn trachten wir nach Höherem, um Gott die Ehre zu erweisen für sein ganzes Schöpfungswerk, sein Erlösungswerk und sein Vollendungswerk.

Dabei nährt uns der auferstandene Christus, der mitten unter uns gegenwärtig ist, die wir in seinem Namen versammelt sind (Mt 18,20) mit seinem verherrlichten Leib und seinem läuternden und lebensspendenden Blut. Er wurde bei seinem Leiden und seiner Himmelfahrt von der Erde erhöht, und er zieht alles an sich (Joh 12,32). Die Anziehung, die er auf die Seelen des Fegefeuers ausübt, läutert sie und erfüllt sie mit der Freude, einen Heiland zu haben, der sie zum Himmel geleiten kann. Jede Messe belebt die Seelen des Fegefeuers, die Zellen des großen mystischen Leibes sind und auf dem Weg, von dieser Welt zum Vater zu gehen, vom Dunkel ins Licht.

Ein heiliger Doktor der Kirche bestätigte, dass bei jeder Messe viele Seelen das Fegefeuer verlassen und sich zum Himmel erheben. In einem Kloster in Rom befindet sich ein Gemälde, das den heiligen Bernhard darstellt, wie er die Messe feiert und Seelen, die vom Fegefeuer zum Himmel aufsteigen. Deshalb beten wir bei jeder Messe besonders für die Seelen im Fegefeuer, zum Gedächtnis der Verstorbenen.

«Wenn wir die heilige Messe feiern», so sagt der heilige Cyrill von Jerusalem, «so beten wir für die Verschiedenen im Glauben, dass ihre Seelen von den Opferfeiern unserer Altäre viel Hilfe empfangen; wir bieten Gott

Jesus Christus, seinen Sohn, an, der für unsere Sünden gestorben ist, damit wir uns und ihnen das gnädig zuwenden, was Milde bringt.»

«Möge euch die Nächstenliebe zur Kommunion antreiben», rät der heilige Bonaventura, «denn es gibt nichts Nützlicheres für die ewige Ruhe der Verstorbenen.»

Ermahnung

Denken wir bei jeder Messe an das wunderbare Werk, das sich unsichtbar vollzieht und das ganze All berührt.

Es ist wie eine langsame Atomexplosion, die alle erleuchtet, die in ihrem Wirkungskreis sind, und das Irdische in uns sterben lässt, um uns durch Gottes Klarheit in Licht zu verwandeln.

Wie sehr nützt es uns, uns mit unserer ganzen Seele der Eucharistie zu öffnen, damit das göttliche Licht auf alle strahlt, die uns am Herzen liegen, zu ihrem wahren Glück in Gott und zu seinem Ruhm. Wir sollen während der Messe eifrig für die Verstorbenen beten.

Beispiele

Der ehrwürdige Ludwig von Blois erzählt in einem seiner Bücher, dass ein Diener Gottes von einer Seele im Fegefeuer besucht wurde, die ihm alles zeigte, was sie leiden muss, weil sie die Kommunion mit Lauheit empfangen hat: «Ich beschwöre euch», so sagte sie, «euch, die ihr mein Freund wart, für mich mit aller Inbrunst, derer ihr fähig seid, die Kommunion zu empfangen, damit meine Erlösung beschleunigt wird.»

Der Diener Gottes beeilte sich, das zu tun, und die Seele erschien ihm wieder, strahlend von unvergleichlicher Pracht, glücklich und voller Dankbarkeit: «Dank eurer Hilfe», sagte sie zu ihm, «sehe ich nun von Angesicht zu Angesicht meinen herrlichen Herrn.» Und sie flog zum Himmel auf.

Der heilige Pfarrer von Ars unterrichtete eines Tages den Katechismus seinen Pfarrkindern und erzählte dabei die folgende Episode:

«Meine Kinder, einem guten Priester geschah das Unglück, einen Freund zu verlieren, den er sehr liebte. Darum betete er viel für die Ruhe seiner Seele. Eines Tages ließ ihn Gott wissen, dass er im Fegefeuer war und heftig litt. Der heilige Priester glaubte, nichts besseres tun zu können, als das heilige Messopfer für den lieben Verstorbenen aufzuopfern. Als der Augenblick der Konsekration gekommen war, nahm er die Hostie zwischen seine Finger und sagte: "Heiliger und ewiger Vater! Machen wir einen Tausch, ihr nehmt die Seele meines Freundes, der im Fegefeuer ist, und ich nehme den Leib eures Sohnes, der in meinen Händen ist." Gut! Guter und barmherziger Vater, erlöst meinen Freund, und ich biete euch euren Sohn an mit allen Verdiensten seines Leidens und Sterbens.»

Seine Bitte wurde erhört. Im Augenblick der Erhebung der Hostie sah er wirklich die Seele seines Freundes, wie sie ganz strahlend vor Herrlichkeit in den Himmel aufstieg. Gott hatte den Tausch angenommen.

«Also, meine Kinder», fügte der Pfarrer von Ars hinzu, wenn wir eine Seele, «die uns lieb ist, vom Fegefeuer erlösen wollen, machen wir es ebenso: Bieten wir Gott durch das heilige Opfermahl seinen vielgeliebten Sohn mit allen Verdiensten seines Leidens und Sterbens an; er kann uns nichts verweigern.»

Gebet

Herr, Gott, du «hast die Welt so sehr geliebt, dass du deinen eigenen Sohn geschickt hast, damit die Welt erlöst werde» von dem Dunkel des Fürsten dieser Welt und «ans Licht gelange», damit sie das Leben deines vielgeliebten Sohnes habe, der gekommen ist, «damit wir das Leben in Fülle haben», verherrliche deinen Sohn in uns, damit er gemäß der Macht, die du ihm über alles Fleisch gegeben hast, «allen denen das Leben gebe, die du ihm gegeben hast». Uns, die wir im Glauben zu dir auf dem Weg sind, und unseren Brüdern im Fegefeuer, die nach dem Licht verlangen und auf die Fülle deiner Liebe warten. Dein Sohn bietet uns in der Herrlichkeit des Himmels und in unserem diesseitigen Leben weiterhin seinen Leib an und vergießt sein kostbares Blut, das uns in einen Liebesbund mit dir bringt, sein Blut, «das für uns und die vielen vergossen ist zur Vergebung der Sünden», damit wir «in der Wahrheit geheiligt sind», und dass wir mit euch eins seien, wie du in ihm bist, und er in dir und damit wir mit ihm bei dir seien, zu dei-

nem Ruhm und unserer Freude, mit allen Engeln und Heiligen deines Reiches in Ewigkeit. Amen.
Herr, mögen die Seelen der verstorbenen Gläubigen durch deine Barmherzigkeit ruhen in Frieden.

16. Tag: Das Almosen

Das Almosen-Geben ist eine Tugend, die uns von Gott empfohlen wurde, denn es zeugt von unserer mitleidigen Liebe zum Nächsten in seiner schweren Not. Es ist Gott sehr wohlgefällig. «Wer aus Mitleid den Armen leiht, leiht dem Herrn» (Spr 19,17). Und Jesus sagt, dass das, was man denen tut, die Hunger haben oder Durst, die Kleidung brauchen oder dass man sich in ihrer Einsamkeit und ihrem Leiden ihrer annimmt, dass wir das ihm tun, denn er ist mit jedem verbunden (Mt 25,40). Jeder geht ihn an.

«Das Almosen rettet vom Tode und reinigt von jeder Sünde», sagt der Erzengel Raphael zu Tobias (Tob 12,9). «Deine Gebete und guten Werke sind zu Gott emporgestiegen, und er hat deiner gedacht», sagt der Engel Gottes zum Centurion Cornelius von Cäsarea (Apg 10,4). Der heilige Paulus fordert uns auf, für die Bedürfnisse der Heiligen zu sorgen (Röm 12,13). Die Seelen im Fegefeuer sind bestimmt für die Heiligkeit. Die Almosen, die man in ihrem Namen geben kann und ihre Leiden lindern sollen, nützen ihnen sehr. Der heilige Thomas sagt, dass das Almosen eine viel größere Macht besitzt Genugtuung zu leisten als das Gebet, denn es verstärkt die Kraft des Gebetes und sichert seinen Erfolg. Das Geld, das Brot oder andere Hilfe, die man jemanden in Not zukommen läßt, trägt, wenn man dabei den Wunsch hat, die Verdienste davon einer leidenden Seele im Fegefeuer zukommen zu lassen, dazu bei, sie zu erlösen von ihrem Hunger nach Gott und Platz zu nehmen am Tisch der Erwählten im Reiche Gottes.

«Glücklich, wer an den Armen und Schwachen denkt, am Tag des Unglücks wird ihn der Herr retten» (Ps 41,2) Das Almosen nützt uns auch nach unserem Tod. «Sammelt Schätze im Himmel» (Mt 6,20). Der heilige Papst Leo nennt das Almosen «die Erlösung der Seelen im Fegefeuer». Daher kommt der fromme Brauch, der in einigen Gegenden noch erhalten ist, bei den Begräbnissen reiche Almosen zu spenden. «Man kann nicht daran zweifeln», so sagt der heilige Augustinus, «dass diese heiligen Seelen eine wirkliche Linderung in ihrem Schmerz erfahren in Folge guter Werke, die man für sie tut.» Vielleicht wird das den Brand ihrer Sünden des Egoismus auslöschen, den Sünden des Geizes und der Gleichgültigkeit gegenüber der Not ihrer Brüder, als sie noch auf Erden waren.

«Wir geben den Armen Reichtümer für unsere Toten», so sagt der heilige Johannes Chrysostomus. «Gott hat es so gewollt, damit wir uns gegenseitig helfen. Diese frommen Einrichtungen haben den heiligen Geist als Urheber. Warum haben die heiligen Apostel angeordnet, dass wir unserer lieben Verstorbenen bei unseren Feiern des Geheimnisses gedenken? Nichts ist gerechter, weil sie wussten, welchen Nutzen die Seelen davon haben.»

«Gebt als Almosen, das was ihr habt, und dann wird euch alles rein sein» (Lk 11,41), empfiehlt Jesus denen, die Reichtümer besitzen. «Dein Vater, der ins Verborgene sieht, wird es dir vergelten» (Mt 6,4).

Ermahnung

Wir sollen nicht geizig sein mit unseren Gütern, sie sind uns nur geliehen und bei unserem Tode können wir sie nicht mitnehmen. Geben wir auch etwas von unserer Zeit und Verfügbarkeit, um den Armen in der Not aufzunehmen, den Kranken zu besuchen, bei dem Sterbenden zu wachen, den Leidenden anzuhören, die Witwe zu trösten und die Waise zu beschützen. «Wer reichlich sät, wird reichlich ernten. Gott liebt den, der mit Freude gibt. Möge jeder geben, wozu er sich in seinem Herzen entschlossen hat. Wer den Armen gibt, dessen Gerechtigkeit bleibt auf ewig» (2 Kor 9, 6-9).

Beispiel

Die armen Seelen halfen wunderbarerweise einem kleinen Kind, das später Erzbischof von Sevilla wurde: Christopher Sandoval. Als er noch ein Kind war, verteilte er an die Armen einen Teil des Geldes, das man ihm für seine kleinen Vergnügungen gab. Als er herangewachsen war, wuchs seine Ehrfurcht gegenüber den Verstorbenen mit den Jahren. Er gab für sie den Armen viele Dinge, die ihm nützlich waren und die er brauchte. Als er an der Universität von Löwen war, geschah es, dass das Geld, das er von seinen Eltern erwartete, sich verzögerte, und er sich schließlich ohne einen Pfennig vorfand und sogar nichts mehr zu essen hatte. Er war traurig darüber, dass er einem Armen kein Almosen geben konnte, der ihn um der Liebe willen zu den Seelen im Fegefeuer darum bat. Das peinigte ihn so sehr, dass er in eine Kirche ging, um für diese armen leidenden Seelen zu beten.

Kaum hatte er sein Gebet gesprochen, als er einen schönen jungen Mann daherkommen sah, der ihm Neuigkeiten brachte vom Marquis von Diana, seinem Vater und seinen Angehörigen und Freunden, gerade wie er von Spanien eintraf. Schließlich bat er ihn, mit ihm im Hotel zu Abend zu essen. Sandoval wies dieses Angebot nicht zurück, weil er den ganzen Tag noch nichts gegessen hatte. Sie begeben sich zu Tisch und unterhalten sich weiter während der Mahlzeit. Danach gibt ihm der Fremde eine Summe Geld und sagt, dass er machen könne damit, was er wolle, dann zieht er sich zurück.

Welche Schritte der fromme Sandoval auch unternahm, er konnte seinen unbekannten Gönner nicht ausmachen. Das Geld wurde niemals zurückgefordert, und zufällig war es genau die Summe, die er brauchte. Er kam zu der Überzeugung, dass der Himmel an ihm ein Wunder geschehen ließ und ihm eine Seele des Fegefeuers geschickt hatte, die seine Gebete und Almosen erleichtert hatten. Das glaubte auch Papst Clemens VIII., dem er das Geschehnis erzählte. Dieser Papst bat ihn, dieses Wunder zu veröffentlichen, damit die Gläubigen zum Gebet und Almosengeben für die Verstorbenen ermuntert würden. Als Sandoval Erzbischof geworden war, tat er sein Möglichstes während seines Lebens, um die ehrfürchtige Liebe zu den Seelen im Fegefeuer zu verbreiten.

Gebet

Herr, Gott, der du den liebst, der freudig gibt, gemäß dem Ratschlag deines Sohnes, der uns sagt, umsonst zu geben, ohne eine Belohnung zu erwarten, dem anderen das zu tun, was man will, dass einem selbst getan wird und das du, Vater, «im Verborgenen siehst und uns vergelten wirst, denn geben ist seliger als nehmen». Gib, dass wir den Armen bereitwillig helfen im Wissen, dass unser Lohn im Himmel groß sein wird und dass wir das Hundertfache dafür erhalten, was wir unseren Brüdern getan haben, dass du geben wirst in reichem, überfließenden Maß. Gib uns ein gutes Herz, das mitleidig und barmherzig ist, nach dem Beispiel deines vielgeliebten Sohnes Jesu, der uns ein Beispiel gegeben hat, damit wir danach handeln, das soweit reicht, dass wir unser Leben für unsere Brüder hingeben, denn es gibt keinen größeren Beweis der Liebe.
Herr, mögen die Seelen der verstorbenen Gläubigen durch deine Barmherzigkeit ruhen in Frieden.

17. Tag: Das Leiden

«Erleichtern wir die Seelen im Fegefeuer», so sagt der heilige Johannes Chrysostomus, «durch alles, was uns quält; denn Gott trägt Sorge, den Toten die Verdienste der Lebenden zukommen zu lassen.»

Isaias prophezeite über den Sinn der Leiden Christi; «Gegenstand der Verachtung, den Menschen preisgegeben, Mann der Schmerzen, mit Leiden vertraut, er trug unsere Leiden, und unsere Schmerzen haben ihn niedergedrückt; wegen unserer Verbrechen wurde er durchbohrt, zermalmt wegen unserer Vergehen; damit wir Frieden haben wurde er gezüchtigt, und in seinen Wunden finden wir Heilung» (Jes 53,3-5).

Es ist, als würde sich eine Übertragung vollziehen. Jesus, der dem Leiden und dem Tod am Kreuz entkommen hätte können, hat, indem er die Menschen bis zum Ende geliebt hat, das Unverständnis, die Zurückweisung und Verachtung geerntet. Indem er das Licht brachte, stürzte das Dunkel auf ihn ein. Wie ein Unschuldiger für die Schuldner bezahlt, so musste er sterben, damit wir leben. Ein Ausgleich fand bei ihm statt: für das Leben und die Liebe, die er säte, erntete er Tod und Hass.

Es ist, als ob die Menschen alles Unheil auf ihn geworfen hätten, das sie ertragen hätten müssen, alle Vergehen, für die sie bis zur Neige bezahlen hätten müssen. Aber im Gegensatz dazu öffnet er uns für alles Übel, das er empfängt, die Pforten des Himmels.

Jesus sagt uns, dass wir, wenn wir ihm folgen wollen, in der Welt leiden müssen (Joh 16,33).

«Wir leiden mit ihm, so dass wir auch mit ihm verherrlicht werden» (Röm 8,17), wenn wir seinem Weg zur Wahrheit folgen wollen. «Mein Jünger muss jeden Tag sein Kreuz tragen» (Lk 9,23), das Kreuz der Krankheit, des Unverständnisses, der Betrübnis, der in dieser Welt unvermeidlichen Schmerzen. Außerdem «löst sich unser äußerer Mensch auf» (2 Kor 4,16). «Man muss geduldig sein im Leiden» (2 Tim 4,5). Unser Leben auf Erden ist jeden Tag ein Kampf.

Inmitten all unserer Leiden erlauben wir dem Licht, wenn wir unseren Blick auf Gott gerichtet halten, weiterhin auf die zu scheinen und die zu erleuchten, denen wir verbunden sind. Wir sind wie das Weizenkorn, das in die Erde vergraben ist und in dem Maß das Leben gibt, in dem es verwest. Das springt über auf viele Seelen, die sich der Wahrheit und dem Leben öffnen, sowohl Seelen auf Erden wie im Fegefeuer.

Das bereitet Freude im Himmel, der sieht, wie wir auf ihn zusteuern, wie ein Boot durch die Stürme sich dem Hafen nähert. Wenn wir außerdem Gott unsere Anstrengungen und Verdienste für die Seelen im Fegefeuer anbieten und standhalten inmitten unserer Prüfungen, strahlt Licht davon auf sie und befreit sie von den Qualen, die sie wegen ihrer mangelnden Geduld, ihrer Auflehnungen, ihres egoistischen Sich-Zurückziehens während ihres Erdenlebens erdulden müssen. Es ist ein

Ausgleich zu ihren Gunsten, so wie ein Familienvater viele Anstrengungen macht, um seinen Kindern das Leben zu erleichtern, die daraus Nutzen ziehen, ohne etwas getan zu haben; es ist so wie wenn ein Gefangener aus dem Gefängnis entlassen wird, dank der Kaution, die ein Freund zu seiner Befreiung hinterlegt hat. «Wenn ein Glied leidet, leiden alle Glieder mit» (1 Kor 12,26). Wir sind miteinander verbunden. Alles, was wir tun, betrifft das Ganze des Leibes, sei es in Gedanken, Worten oder Werken. Im Glauben an Gott wissen wir, dass wir mit seiner Gnade eine neue Welt gebären, denn unsere Leiden helfen den Brüdern in Not. «Die Schöpfung liegt in Geburtswehen und wartet auf die Offenbar-Werdung der Kinder des Lichts» (Röm 8,19-22).

Ermahnung

Das kleinste unserer Leiden, um unsere kleine Welt glücklicher zu machen, erleuchtet unsere ganze Umgebung und hilft den Seelen im Fegefeuer, wenn wir sein Verdienst Gott anbieten. Wir sind in Gemeinschaft mit Christus, «der uns mit seinem Blut die Erlösung erwirbt» (Hebr 9,12-14)*; unsere Leiden, vermischt mit seinem Blut, helfen den Seelen im Fegefeuer jedesmal, wenn wir dazu die Absicht und den Wunsch haben. Seien wir uns bewusst, dass «die Leiden der gegenwärtigen Zeit nichts sind im Vergleich mit der Herrlichkeit, die sich an uns offenbaren wird»* (Röm 8,18)*.*

Beispiel

Pater Johannes Eusebius Nierenberg, SJ (1590-1668), hatte eine große Ehrfurcht für die Verstorbenen. Er betete viel und tötete sich ab zu ihrer Erleichterung. Es gab am Hof von Madrid unter den begleitenden Beamten eine vornehme Dame von großer Vollkommenheit. Diese Dame erkrankte schwer an einem heimtückischen Fieber, für das die Ärzte kein Heilmittel fanden.

Sie wurde sich der Lebensgefahr bewusst, in der sie sich befand und wurde von diesem Kummer ganz niedergedrückt. Pater Eusebius tat sein Möglischstes, um ihr Mut zu geben und Unterwerfung unter den Willen Gottes. Aber sie wurde ganz verwirrt und zögerte von Tag zu Tag den Empfang der Sakramente hinaus, bis sie schließlich in Todesstarre verfiel, ohne jegliches Bewusstsein und bereit, ihr Leben auszuhauchen.

Man verständigte den Priester, der sich in eine benachbarte Kapelle zurückzog, und seine Messe mit großer Inbrunst las und den Herrn bat, er möge der Kranken das Bewusstsein wiedergeben, damit sie in einer besseren Verfassung die Sakramente empfangen könne, bevor sie vor ihm erscheinen müsse. Er bot sich an, während dieses Lebens die Qualen, die auf die Sterbende im Fegefeuer warteten, selbst in diesem Leben zu erleiden. Gott erhört ein solch barmherziges Gebet. Kaum war die Messe beendet, da kam die Dame zum Bewusstsein zurück und war in ihrem Verhalten so verändert, dass sie nach den Sakramenten verlangte, und sie mit großer Innigkeit empfing.

Weder Tod noch die Läuterung im Fegefeuer fürchten müssen, gab sie sich Gott anheim und entschlief in der größten Gelassenheit.

Von diesem Augenblick an, während der sechzehn Jahre, die dieser Ordensmann lebte, war sein Leben nur noch ein langes Martyrium; seine Schmerzen konnte kein Heilmittel lindern. Um so zuträglicher waren seine dauernden Gebete den Seelen im Fegefeuer. Er hatte einen Rosenkranz, auf den er viel hielt und den er unglücklicherweise verlor. Am Abend warf er sich auf die Knie und betete mit Inbrunst, da hörte er plötzlich ein eigenartiges Geräusch an der Decke seines Zimmers. Er erhob die Augen und sah seinen Rosenkranz herunterfallen. Er zweifelte nicht daran, dass es die Seelen waren, denen er Erleichterung verschafft hatte, die ihn ihm zurückgegeben hatten. Mit welcher Inbrunst betete er doch weiterhin für sie den Rosenkranz.

Gebet

Herr, wir wissen, dass «wir unser Kreuz nehmen, es tragen und dir nachfolgen müssen», wenn wir deine Jünger sein wollen, um zum Vater zu gelangen. Wir wissen, dass «wir in unserem Fleische das hinzufügen, was an deinem Leiden noch fehlt», damit es vollendet sei mit uns, die wir Glieder deines Leibes sind, und damit wir nicht gleichgültig sind gegenüber den Leiden unserer Brüder.

Wir wissen, dass unsere Leiden, mit den deinen vereint, und dem Vater dargebracht, zu unserer Erlösung und zu der unserer Brüder auf Erden und im Fegefeuer beitragen. Gib uns Geduld in den Prüfungen und die Überzeugung ihrer Nützlichkeit für die Seele im Wissen, dass, «wer unter Tränen sät, in Freuden ernten wird». Sie bringen uns unsere Vergänglichkeit, die Kürze des Lebens und die zu unserem Wachstum und dem unserer Brüder notwendige Qual zum Bewusstsein. Gib, Herr, dass wir sie vereint mit dir erleben, damit es eines Tages «keine Tränen, kein Leiden, keinen Schmerz» mehr gibt in einer durch deine Gnade erneuerten Welt, mit «einem neuen Himmel und einer neuen Erde», wo es nur noch Frieden, Freude und Leben gibt.

Herr, mögen die Seelen der verstorbenen Gläubigen durch deine Barmherzigkeit ruhen in Frieden.

18. Tag: Die frommen Werke

Die Kirche privilegiert gewisse Andachtsübungen im Verhalten der Gläubigen, um sie in ihrem Glauben zu unterstützen und die Verdienste davon den Verstorbenen zukommen zu lassen. Diese frommen Werke helfen dabei, über unsere Erlösung nachzudenken. Sie begünstigen unsere Einbindung in Christus, regen unsere Nächstenliebe an, verehren Maria und legen uns die Sorge um die Seelen im Fegefeuer ans Herz. Die Kirche hat daran zahlreiche Ablässe geheftet.

Der Rosenkranz: Das ist der Psalter der Jungfrau Maria mit seinen 150 Ave. Man sagt dabei die Worte des Engels (Lk 1,28), die Worte Elisabeths, die sie für ihren Glauben preist, der das Kommen Gottes zu den Menschen erlaubt (Lk 1,42) und das Flehen ihrer Kinder. Es ist die einfache Meditation der freudenreichen, schmerzhaften und glorreichen Geheimnisse von Jesus und Maria, der Weg des Heils der Menschen zu allen Zeiten, ein Pfad, auf dem wir gehen dank unserer Zugehörigkeit zum Leibe Christi. Geheimnisse, die sich auch in unserem Leben abzeichnen, die wir auf den gleichen freudenreichen und schmerzhaften Etappen wandern, um zur Herrlichkeit zu gelangen. Wir müssen Christus auf seinem Wege folgen, um zum Vater zu kommen (Joh 14,6) und um das Licht des Lebens zu haben (Joh 8,12), begleitet von Maria. Die Seelen im Fegefeuer sind in unseren

Weg eingeschlossen, und wir helfen ihnen durch unsere Gebete.

Der Weg des Kreuzes: Diesem Weg ist Jesus schmerzvoll gefolgt um zum Vater zurückzukehren, zurückgewiesen von den Menschen, die ihn eine schreckliche Passion erleiden ließen bis zum Kreuz. Auf dieser Straße des Heils enthüllt er uns das Herz Gottes und das Herz der Menschen. Das ist auch die Straße, der wir in seiner Nachfolge auf dieser Welt folgen, wenn wir Gott treu bleiben wollen und das Evangelium Jesu leben wollen (Mt 16,24; Lk 21,12-13). Wenn wir über diese Etappe der Passion Christi nachdenken, ist uns bewusst, dass die ganze Menschheit damit verbunden ist und dass auch die Seelen im Fegefeuer daran teilnehmen, denn Jesus hat seine Passion für uns alle erlitten.

Die Ablässe: Das ist eine Annäherung an die Genugtuung, die Jesus seinem Vater anerboten hat. Es ist die Haltung des Glaubens (Wallfahrten, Besuche der Kirche, Akte der Ehrfurcht usw.) oder Gebete für die Verstorbenen, die die Kirche empfiehlt, oder Gebete, um die Qualen der leidenden Seelen zu mildern. Um einen Ablass zu gewinnen, muss man im Zustand der Gnade sein und die geforderten Bedingungen erfüllen (Beichte, Kommunion usw.) Der Ablass ist der Erlass der zeitlichen Qualen, die durch die Sünde verursacht sind, und der Seele im Fegefeuer schon vergeben sind. Die Lehre von den Ablässen gründet auf der Schlüsselgewalt, die die Kirche hat (Mt 16,19) auf der Genugtuung, die Christus dem Vater angeboten hat (1 Petr 3,18) und auf der Gemeinschaft der Heiligen (1 Kor 12,26).

Der heroische Akt der Nächstenliebe für die Seelen im Fegefeuer, das ist die Opfergabe, die freiwillige Gabe, die wir von allen guten Werken zugunsten der Seelen im Fegefeuer machen, sogar die guten Werke, die andere vor oder nach unserem Tod für uns machen. Wir übergeben das alles den Händen der allerseligsten Jungfrau, und bitten sie, nach ihrem Gutdünken zugunsten der verstorbenen Gläubigen zu verfügen, die sie von ihren Qualen im Fegefeuer erlösen will.

Ermahnung

Haben wir keine Scheu, zu diesen einfachen Mitteln Zuflucht zu nehmen und zu unserem gläubigen Verhalten, um den Seelen im Fegefeuer zu Hilfe zu kommen. Diese Mittel helfen uns, unsere Hilfe für sie konkret zu gestalten. Die Kirche hat sie jahrhundertelang empfohlen.

Beispiele

Im Jahre 1649 schrieb Wilhelm Freyssen, reputierter Buchhändler, diesen Brief an Pater Jacques de Montfort, SJ: «Ich schreibe Ihnen, um Sie von der zweifachen und wunderbaren Heilung meines Sohnes und meiner Frau in Kenntnis zu setzen. Ich las Ihr Buch *Demisericordia fidelibus defunctis exhibenda*, über den Eifer, den man für die Seelen im Fegefeuer haben soll, als man mir gerade sagte, dass eine schwere Krankheit meinen Sohn in

Todesqualen warf. Die Ärzte gaben ihn auf. Man dachte schon an das Begräbnis. Da kam mir der Gedanke, dass ich ihn vielleicht retten könnte durch ein Gelübde für die Seelen im Fegefeuer.

Schon am Morgen ging ich in die Kirche und versprach, hundert Exemplare von Ihrem Buch umsonst zu verteilen, das lehrte, man solle den Verstorbenen Erleichterung verschaffen, wenn mein Kind gesund würde. Ich kehrte nach Hause zurück und fand meinen Sohn in bestem Zustand vor; er verlangte sogar etwas zu essen, obwohl er seit einigen Tagen nicht einmal mehr einen Tropfen zu sich nehmen konnte. Am Morgen war er vollständig geheilt. Erfüllt von Dankbarkeit verteilte ich die hundert versprochenen Bücher.

Drei Wochen später wurde meine Frau von einem Zittern aller ihrer Glieder überfallen. Bald verlor sie die Sprache und man schwor darauf, dass sie bald sterben würde. Da kehrte ich wieder in die gleiche Kirche zurück und machte das Gelübde, zweihundert Exemplare vom gleichen Buch zu verteilen, um damit bei mehr Personen die Ehrfurcht für die Seelen im Fegefeuer zu verbreiten.

Nach dieser Tat sah ich, als ich nach Hause zurückkehrte, meinen Hausangestellten mir entgegenlaufen; er verkündete mir, dass es der Kranken besser gehe, dass das Delirium vergangen sei und sie frei sprechen könne. Sehr kurz darauf war sie soweit geheilt, dass sie mit mir zur Kirche gehen konnte, um Gott zu danken.

Stimmen Sie mit mir ein in diesen Dank an Gott für diese zweifache große Gnade.»

Die selige Maria von Quito fiel eines Tages in Verzückung und sah einen großen Tisch, der mit Gold, Silber, Perlen und Diamanten beladen war. Gleichzeitig hörte sie eine Stimme, die sagte: «Diese Reichtümer gehören allen, jeder kann kommen und sich davon nehmen, was er will.» Gott ließ sie wissen, dass das ein Bild für die Ablässe war; mögen wir uns doch diese Schätze aneignen, die durch die Verdienste Christi erworben wurden, sowohl für uns selbst als auch für die armen, leidenden Seelen im Fegefeuer. Ein Gebet, ein Rosenkranz, ein Almosen, eine Kommunion, der Besuch einer Kirche, ein gutes Werk, die für sie und aus reinem Herzen verrichtet werden, lindern ihren Schmerz wirksam.

Gebet

Herr, durch dein Leben und deine schmerzvolle Passion hast du die Welt freigekauft vom Reich Satans, um sie wieder in die Hände des Vaters zu legen. Du willst mich deiner Gnade in Fülle teilhaftig werden lassen, und sie auf die Seelen des Fegefeuers überströmen lassen, wenn ich über deinen Weg des Kreuzes nachdenke.

Durch das Gebet zu deiner heiligen Mutter lässt du uns noch mehr in den freudenreichen, schmerzhaften und glorreichen Glanz deines und ihres Lebens eintreten, der uns mit sich zieht bis zum Eingang in den Himmel.

Dank der Gebete, die deine Kirche empfiehlt, gewährst du uns gnädig deinen Ablass, damit wir zu unserem Heil und

dem unserer Brüder beitragen, und somit die Qualen, die
von den Sünden verursacht werden, sich mindern.

Herr, ich bitte dich, stimme diesem Gelübde, das ich zu
deinem Ruhm und zum Heil meiner Seele gemacht habe,
zu und bestätige es. Ich stelle es auch auf, um die Schuld
der Seelen im Fegefeuer gut zu machen. Nimm hin die Ver-
dienste aller meiner guten Werke und der guten Taten, die
andere vor oder nach meinem Tod für mich machen.

Oh, Maria, Trösterin der Betrübten, ich biete dir an und
überlasse dir alle Wiedergutmachungen, die ich durch
meine guten Werke erlangt habe, meine Wahl für Gott, die
mich jenseits meines Todes begleiten wird; verteile sie an
meine leidenden Brüder im Fegefeuer, besonders an meine
Angehörigen, Freunde und Wohltäter.

Herr, mögen die Seelen der verstorbenen Gläubigen durch
deine Barmherzigkeit ruhen in Frieden.

19. Tag: Der Ruhm Gottes

Der erste Grund, der uns antreibt, den Seelen im Fegefeuer zu Hilfe zu kommen, ist der Ruhm Gottes, der Ruhm, der ihm zukommt, denn wenn diese Seelen im Himmel sind, rühmen sie ihn für das Glück, für das er sie erschaffen hat. Die Engel und die Heiligen im Himmel loben Gott, lieben ihn und preisen ihn. «Dem Herrn ist nichts angenehmer als die Erleichterung und Erlösung der dahingeschiedenen Gläubigen», sagt der heilige Augustinus.

«Der Ruhm Gottes ist der lebendige Mensch», bekräftigt der heilige Irenäus. Der in der Fülle des göttlichen Lebens lebende Mensch, der sein echtes Glück in Gott findet, «denn wir sind für Gott erschaffen, und unser Herz ist ruhelos, solange es ihn nicht gefunden hat», vollständig und endgültig. Der Ruhm Gottes ist das Offenbar-Werden seines Lichtes und seiner Liebe, sichtbar und fühlbar für seine ganze Schöpfung, die ihr volles Erblühen in ihm findet. Die Seelen im Fegefeuer blühen auf wie die Blumen an der Sonne; es ist das Jubilieren der Heiligen und Engel im Lichte und der Liebe Gottes, das sie gänzlich durchdringt, wie das Licht das Kristall durchdringt, und wie das Feuer das Holz umfängt, denn «die Herrlichkeit Gottes ist wie verzehrendes Feuer» (Ex 24,17). Gott hat uns nach seinem Bild und Gleichnis gemacht (Gen 1,26), und wir kommen von ihm und kehren zu ihm zurück (Joh 13,3), und im Strahlen seiner Herrlichkeit werden wir verherrlicht, «haben wir Anteil an der Herrlichkeit, die offenbar werden wird» (1 Petr 5,1), denn wir sind berufen zu «seinem ewigen Ruhme» (1 Petr 5,10).

Die Herrlichkeit Gottes ist Gott in der Enthüllung seiner Majestät, seiner Kraft, im Glanz seiner Heiligkeit, in der Kraft seines Seins. Er offenbart seinen Ruhm in seinem machtvollen Einschreiten, seinen Erscheinungen, seinen Zeichen, seinen Urteilen für seine Diener, die seine Herrlichkeit anerkennen und sie feiern.

Alle Seelen im Fegefeuer müssen aufblühen und einmünden im Ruhme Gottes. Jedesmal, wenn ein irdisches Wesen sich dem Schönen, Guten, Rechten und Wahren öffnet und liebt, jedesmal, wenn eine Seele im Fegefeuer zu Gott emporsteigt, in ihrer Läuterung, jedesmal, wenn ein Heiliger des Himmels oder ein Engel freudig bewegt Gott lobt, empfindet Gott Freude, weil sein Geschöpf ihm dankbar ist, sich zu ihm aufschwingt, ihm seine Lebensfreude mitteilt, und in ihm sein Ende findet, sein Ziel, sein wahres Glück. Die Herrlichkeit Gottes verherrlicht den Menschen, und der Mensch findet seine herrliche Vollendung nur in Gott.

Ermahnung

Wie wichtig ist es, sich des Wertes der Gebete und Taten für die armen Seelen im Fegefeuer bewusst zu werden, denn wir tun es wirklich zum Ruhme Gottes! So können sich diese Seelen mehr zu Gott erheben, den sie im Himmel loben und

preisen werden, indem sie sich seiner Herrlichkeit erfreu-
en, die sie erleuchtet und verklärt. Wir verherrlichen Gott
durch alles, was wir für diese leidenden Seelen tun.

Beispiel

Die ehrwürdige Katharina Paluzzi hatte sich in Freundschaft mit Bernhardine, einem sehr frommen jungen
Mädchen, verbunden. Sie waren wie zwei Kohlen, die
glühen vor Liebe zu Gott. Sie versprachen sich, dass die,
die als erste stürbe, der anderen erscheinen solle.
Bernhardine wurde bald durch eine tödliche Krankheit
hinweggerafft. Bei ihrem letzten Atemzug sagte Katharina zu ihr:
– Ich bitte euch vor allem um zwei Dinge: Mir zuerst
mitzuteilen, wo sich eure Seele nach dem Gericht befindet, damit ich Verdienste für sie sammle, wenn sie noch
Fürsprache braucht, sodass mein Leben Gott wohlge-
fällt, denn für ihn allein will ich leben und sterben.
– Ich vergesse meine Verpflichtung nicht; ich werde um
die Gnade bitten, sie halten zu können, sagte Bernhardine.
Kurz nach dieser Unterhaltung hauchte sie in großer Ergebung ihr Leben aus.
Katharina hoffte, dass die Erscheinung nicht auf sich
warten ließe, verlor aber nichtsdestoweniger keinen
Augenblick und keine Gelegenheit, für ihre Freundin zu
beten, und zögerte nicht, ihr zu helfen im Falle, dass sie
im Fegefeuer wäre.

Woche um Woche verging und Monat um Monat, ohne dass sie das geringste Zeichen davon hörte, dass ihre Freundin noch an sie dachte.

Sie flehte den Herrn an, Bernhardine die Erlaubnis zu ihr zu kommen, nicht zu verweigern.

Sie betete schon zwei Jahre nach ihrem Tod, da schien es Katharina, dass sie während ihres Gebetes im Geiste in die Kirche der Franziskaner versetzt wurde. Dort sah sie in einer Ecke einen Brunnen, von dem zuerst Ströme von dichtem, flammendem Rauch ausgingen, dann zeichnete sich eine Gestalt in Dunkel gehüllt, von dem Rauch ab, die sich nach und nach erhellte und sich schließlich strahlend und herrlich und von außerordentlicher Schönheit zeigte. Eine Schar von Engeln und Seligen kam, um sie zu empfangen. Dieses Schauspiel erstaunte Katharina sehr, die, als sie das Gesicht dieser Person näher betrachtete, ihre Freundin Bernhardine erkannte. Ganz freudig fragte Katharina sie:

– Warum habt ihr solange gewartet, bevor ihr gekommen seid? Woher kommt ihr? Wie habt ihr solange im Fegefeuer bleiben können? Was bedeutet das alles?

Und Bernhardine antwortete:

– Ich bin wirklich im Fegefeuer seit meinem Tod, aber jetzt steige ich in den Himmel auf.

– Ihr habt mir nicht gesagt, ob ich dem Herrn gefalle, fragte Katharina, in dem Leben, das ich führe und ob dieses Leben mich zum Paradies führt.

– Ja, sicherlich. Ihr seid auf dem guten Weg, antwortete die Seele. Freut euch, der Herr liebt euch, und er hat Großes mit euch vor, zu seinem Ruhm. Ihr werdet lange

Zeit noch auf der Erde verbringen, denn eure Krone ist noch nicht bereit. Als sie diese Worte beendet hatte, flog die Seele Bernhardines ins Paradies, mit der herrlichen Schar, die zu ihrem Empfang gekommen war, und ließ Katharina zurück, entzückt vor Freude.

Gebet

Herr, du hast uns zu deinem Ruhm erschaffen und unser Herz ist unruhig, bis es ewig zu dir gelangt ist. Schon hienieden warten wir auf dein Gegenüber im Licht, auf die Gemeinschaft in der göttlichen Liebe. Bewahre in mir die Sorge um deinen Ruhm, damit ich «eine Opfergabe zum Lob deines Sohnes sei», damit, wenn ich an die Seelen auf dem Wege der Läuterung im Jenseits denke, mein Lobgesang sie in der Liebe schwingen lässt zum Lobe deiner Herrlichkeit.
Herr, mögen die Seelen der verstorbenen Gläubigen durch deine Barmherzigkeit ruhen in Frieden.

20. Tag: Die Liebe Jesu Christi

Der zweite Grund, den Seelen im Fegefeuer zu Hilfe zu kommen, um sie zu erleichtern, ist die Liebe Jesu, der selbst die Offenbarung der Liebe Gottes für seine Schöpfung ist. «Gott hat die Welt so geliebt, dass er seinen einzigen Sohn dahingab, damit jeder, der an ihn glaubt, nicht verlorengehe, sondern das ewige Leben habe» (Joh 3,16).

Jesus liebt die Seelen im Fegefeuer, die er «erkauft hat mit seinem Blut» (Apg 5,9). Jede dieser Seelen kann sagen: «Der Sohn Gottes hat mich geliebt und hat sich für mich hingegeben» (Gal 2,20). Sein herrliches Blut reinigt von jeder Sünde (1 Joh 1,7).

Jesus liebt sie um so mehr, als sie ihn nie mehr beleidigen und weil sie sehr dankbar sind für das Heil, das er für sie bewirkt hat, selbst wenn sie wegen ihrer Läuterung noch leiden müssen, um in den Himmel zu kommen.

Jede ist «ein Glied seines Leibes» (Eph 5,30). In ihrem Leiden wenden sie sich an ihn, der gesagt hat: «Kommt alle zu mir, die ihr mühselig und beladen seid, ich will euch erquicken.» (Mt 11,28) Wenn sie sich an ihn wenden in ihrer Qual, haben sie den Trost und die innere Erleichterung zu wissen, dass sie zum Glück des Himmels unterwegs sind, dank der Verdienste Jesu, der «von der Erde erhöht, sie alle an sich zieht» (Joh 12,32). In ihrem Durst nach dem Himmel und dem Ende ihrer Leiden, wenden sie sich an ihn, der ihren Durst stillt in der Gewissheit, dass sie das Ziel erreichen werden (Joh 7,37).

Diese leidenden Seelen zu lieben bedeutet Jesus zu lieben, für die er sein Leben hingegeben hat, «indem er alle erkauft hat durch sein kostbares Blut» (1 Petr 1,18). Ihnen in ihrem Hunger, ihrem Durst, ihrer Einsamkeit, ihrem Leiden, ihrem Gefangen-Sein zu Hilfe zu kommen, bedeutet Jesus zu lieben, weil er gesagt hat: «Was ihr dem geringsten meiner Brüder getan habt, das habt ihr mir getan» (Mt 25,40). Haben sie nicht Hunger nach Gott? Haben sie nicht Durst danach, seine Liebe zu genießen? Fühlen sie sich nicht krank in Folge ihrer Sünden? Fühlen sie sich nicht als Gefangene ihrer Lage, in die sie sich gebracht haben? Ja, Jesus hat zu uns gesagt: «Liebet einander, wie ich euch geliebt habe» (Joh 15,12). Diese Seelen zu lieben, indem man ihnen zu Hilfe kommt, heißt das Liebesgebot Jesu erfüllen und heißt, ihn zu lieben: «Wer meine Gebote hat und sie hält, der ist es, der mich liebt» (Joh 14,21). Deshalb sagte Jesus eines Tages zur heiligen Gertrud: «Jedesmal, wenn ihr einen Gefangenen erlöst, macht ihr mir soviel Freude, als wenn ihr mich selbst vom Gefängnis freigekauft hättet, und ich werde wohl wissen, es euch zu vergelten.»

Ermahnung

Mögen wir die gleichen Gefühle wie Jesus Christus haben (Phil 2,5). *«Geben wir unser Leben für unsere Brüder hin, da Christus sein Leben für uns hingegeben hat. Lieben wir sie in Tat und Wahrheit. Wie könnte die Liebe Gottes in uns bleiben, wenn wir, da wir die Güter dieser Welt genießen, unser Inneres vor unserem Bruder, den wir in Not sehen, verschließen?»* (1 Joh 3, 16-17). *Alles, was wir wollen, dass die Menschen im Fegefeuer für uns tun, sollen wir selbst für diese leidenden Seelen tun* (Mt 7,12). *Umso mehr wir Jesus lieben, umso mehr lieben wir die Glieder seines Leibes, vor allem die am meisten leidenden; das ist das Zeichen unserer Liebe zu ihm* (Joh 13,35).

Beispiel

Pater Nicolas Zucchi, SJ, hatte drei jungen Mädchen aus Rom geholfen, ins Kloster einzutreten. Es waren drei Schwestern, die sich Gott weihen wollten.

Die Jüngste war von einem Kavalier verehrt worden, aber sie hatte ihn nicht beachtet, da sie entschlossen war, Ordensfrau zu werden. Dieser Mann verlor nichtsdestoweniger nicht die Hoffnung, sie zum Klosteraustritt zu veranlassen. Er schrieb ihr viele galante Briefe, in denen er sie beschwor, die Traurigkeiten eines Klosters aufzugeben und mit ihm die Freuden des Lebens und der Freiheit zu kosten.

Pater Zucchi erfuhr davon und flehte Gott an, dem jungen Mädchen Mut und Beständigkeit zu geben. Eines Tages, als er sich zum Dienst begab, traf er diesen Kavalier:

– Mein Herr, sagte er zu ihm, haben Sie doch genug Nächstenliebe, eine Dienerin Gottes nicht quälen zu wollen und machen Sie sich doch nicht zum Rivalen unseres Herrn Jesus Christus. Denken Sie doch an das Heil ihrer Seele viel mehr als an den Verlust alles anderen. Sie werden bald vor Gott erscheinen und dann sehen Sie den Preis der Ganzhingabe an Gott und den geringen Wert der irdischen Liebe.

Der junge Mann entschuldigte sich ehrlich, versprach über diese Ratschläge nachzudenken und entfernte sich mit ehrfürchtigem Gruß; aber er tat weiter wie zuvor.

Die Vorhersage des Priesters verwirklichte sich bald: Der Kavalier starb fünfzehn Tage später.

Eines Abends waren die drei Schwestern beim Gebet, und die Jüngste fühlte sich dreimal nach hinten gezogen. Eine Stimme sagte zu ihr: «Kommen Sie schnell ins Sprechzimmer!» Obwohl sie nichts sah und ein bisschen ängstlich wurde, nahm sie einen Leuchter und ging ins Sprechzimmer. Sie sah darin einen Mann, der mit großen Schritten auf und ab ging.

– Wer sind Sie? fragte sie ihn. Was wollen Sie zu dieser Stunde und warum haben Sie mich rufen lassen?

Der Fremde näherte sich etwas ohne zu antworten, öffnete seinen Mantel, und die junge Schwester erkannte ihren ehemaligen Verehrer, der wie ein Verbrecher mit feurigen Ketten am Hals, an den Händen, an den Knien und Füßen gefesselt war.

Da rief er aus:

– Betet für mich!

Und im gleichen Augenblick verschwand er.

Diese Seele stöhnte unter den Qualen des Fegefeuers und bat um Fürbitte. Die drei Schwestern und die anderen Nonnen vervielfältigten ihre Fürbitten für ihn.

Gebet

Herr, Jesus, du «bist vom Vater gesandt» und willst, dass wir dir folgen und dich mehr lieben als Vater und Mutter, Brüder und Schwestern, um deiner würdig zu sein; sei gepriesen dafür, dass du uns so sehr liebst, «indem du uns gerecht machst durch den Glauben», und uns «deinen Geist der Liebe gibst, der ausgegossen ist in unseren Herzen.»

Durch deine schmerzvolle Passion erlöse die Seelen im Fegefeuer und mache sie würdig der Herrlichkeit deiner Heiligen im Himmel. Sei ihnen gnädig und rufe sie zum ewigen Glück im Reiche Gottes.

Herr, mögen die Seelen der verstorbenen Gläubigen durch deine Barmherzigkeit ruhen in Frieden.

21. Tag: Die Güte Marias

Die Jungfrau Maria ist nicht nur die Mutter des fleisch-gewordenen Wortes, Jesus, sondern sie ist die Mutter des ganzen Leibes Christi: Jesu, der das Haupt der Kirche ist (Kol 1,18), und von uns, die wir seine Glieder sind (Eph 5,30): des Himmels, des Fegefeuers und der Erde.

Am Kreuz vertraute Jesus uns seiner Mutter an und er vertraute sie uns an (Joh 19,26). Sie übt ihre geistige Mutterschaft auf jeden von uns aus in dem Maße, in dem wir mit ihr verbunden sind, in dem wir Vertrauen zu ihr haben, in dem wir sie als wesentlichen Bestandteil unseres Lebens ansehen.

Sie ist «voller Gnade» (Lk 1,28) und webt in unser Leben die Gnade ein, die Gott uns gibt, wie sie es bei Jesus gemacht hat, damit er seine Berufung vor dem Vater erfülle und inmitten seiner Brüder, der Menschen. Sie ist aktiv gegenwärtig und aufmerksam zu den Seelen im Fegefeuer, damit sie ihr Ziel schneller erreichen. Sie veredelt ihr Verlangen nach Gott und ihre Liebe zu Jesus durch die Bewegung des Heiligen Geistes in ihnen. Wie in Kana achtet sie sorgsam auf die Bedürfnisse jedes Einzelnen.

Der heilige Bernhardin von Siena sagte zum Zeugnis der zärtlichen Liebe Mariens: «Sie ist nicht nur die Freude der triumphierenden Kirche, sie sichert nicht nur der streitenden Kirche den Sieg, sondern hat als Beschützerin der Seelen des Fegefeuers eine gewisse Macht über dieses Gefängnis, wo Jesus die Seelen reinigt. Sie steigt in diese dunklen Abgründe hinab, um ihre Kinder zu trösten und ihre Leiden zu mildern. Seit dem Tag ihrer Aufnahme in den Himmel hat sie die Macht erhalten, ihre treuen Diener vom Fegefeuer zu erlösen.»

Der heilige Vinzenz Ferrer anerkennt die gleiche Güte: «Oh, wie ist doch Maria gut zu ihren unglücklichen Gefangenen, die im Fegefeuer stöhnen. Durch ihr Einschreiten empfangen sie jeden Augenblick Erleichterung und Hilfe. Haben wir doch ein großes Vertrauen zu Maria; nehmen wir Zuflucht zu ihr vor allem durch den Rosenkranz, damit sie eintritt für das Los der Seelen im Fegefeuer.»

Der heilige Simon Stock sah, wie ihm die Jungfrau das Skapulier gab; und einige Jahre nach dem Tode des Heiligen sah der fromme Papst Johannes XXII. Maria plötzlich erscheinen, umgeben von Licht und bekleidet mit dem Habit des Karmel; sie versprach ihm: «Wenn unter den Ordensleuten und den Gläubigen, die das Skapulier des Karmel tragen, welche sind, deren Sünde sie ins Fegefeuer führt, werde ich mitten unter sie hinabsteigen wie eine zärtliche Mutter, am Samstag nach ihrem Tode; ich werde die, die ich dort finde, vom Fegefeuer befreien und sie zum heiligen Berg des ewigen Lebens führen.»

Welche Mutter, die ihr Kind in einen feurigen Ofen stürzen sieht, und ihm helfen kann, würde nicht alles in ihrer Macht stehende tun, damit sie ihm heraushelfe? Und Maria soll unbeteiligt bleiben bei den Leiden ihrer Kinder? Voller Mitleid für sie ist sie unablässig bestrebt, ihre Leiden zu lindern.

Sie sagte zur heiligen Brigitte: «Ich bin die Mutter aller, die im Fegefeuer sind, und alle Qualen, die den Verstorbenen auferlegt sind als Sühne für ihre Fehler, werden gemildert durch meine Gebete.»

Sie erleichtert ihre Reinigung und zieht sie nach ihrer Läuterung hinter sich her zum Aufstieg in den Himmel. Sie gibt den Lebenden auf Erden ein, für diese Seelen zu beten, und lässt uns besser verstehen, dass wir einander Glieder sind in Christus (Eph 4,25).

Ermahnung

Es ist angenehm, daran zu denken, dass die Jungfrau uns in der Stunde unseres Todes beistehen wird, und besuchen und trösten wird, wenn wir im Fegefeuer sind. Sie ist die Mutter der Barmherzigkeit. Bitten wir jeden Tag Maria für uns selbst und unsere lieben Verstorbenen. Denken wir daran, dass keiner, der zu ihr seine Zuflucht genommen hat, von ihr verlassen wurde.

Beispiele

In Otrante, Italien, erfuhr eine Dame von großer Frömmigkeit von den kostbaren Verdiensten des Skapuliers und ließ sich eines schicken. Sie flehte Maria an, an einem Samstag sterben zu dürfen, damit sie sofort von den Foltern des Fegefeuers erlöst wäre, die sie durch ihre Sünden verdient hat.

Einige Jahre später wurde sie schwer krank und, entgegen den Versicherungen der Ärzte, glaubte sie, dass nun das Ende sei. Das Übel wurde so schlimm, dass die Ärzte ihr ankündigten, dass sie den Mittwoch nicht überlebe.
– Sie täuschen sich, sagte sie zu ihnen, ich werde noch drei Tage länger leben und erst am folgenden Samstag sterben.

Und das trat wirklich ein. Sie bot Gott ihre Leiden zur Sühne für ihre Sünden an, dann starb sie. Sie hinterließ auf Erden eine sehr fromme Tochter, die sich bald in ein Heiligtum zurückzog, wo sie für ihre Mutter betete. Dort erhielt sie den Besuch eines großen Dieners Gottes, der kam, um sie zu trösten.

Es war ein Mensch, der bekannt war für die Gnaden, mit denen ihn der Himmel überhäufte und für überraschende Enthüllungen. «Hört auf zu weinen», sagte er zu ihr, «möge sich eure Trauer in Freude verwandeln. Sie haben hier nun eine Mutter verloren und gleichzeitig eine Beschützerin im Himmel gewonnen; denn ich versichere Ihnen, dass schon heute, heute an diesem Samstag, die, die Ihr so sehr geliebt habt, dank der Jungfrau Maria aus dem Fegefeuer herausgekommen und zum Himmel zugelassen worden ist.»

Dort, wo Schwester Katharina vom heiligen Augustinus wohnte, war auch eine Frau, Maria genannt, die von frühester Jugend an ein Leben der Ausschweifung führte. Das Alter änderte sie nicht, so dass die Leute des Ortes, abgestoßen von dieser Ordnungslosigkeit, die Obrigkeit baten, sie aus der Stadt zu jagen und sie in eine Höhle abzuschieben. Das war eine ganz menschliche Reaktion. Dort starb sie kurz darauf, ohne Sakramente und bar jeglicher menschlicher Hilfe. Ein solcher Tod schien die Ehren eines kirchlichen Begräbnisses nicht zu verdienen; so machte man mit dem Leichnam dieser Frau keine andere Zeremonie als sie im Feld zu verscharren, wie die Tiere.

Schwester Katharina, die die Gewohnheit hatte, Gott die ihr bekannten Personen, die starben, anzuempfehlen, dachte nicht mehr an die alte Sünderin, und glaubte sie verdammt nach der Meinung von allen. Es war schon vier Jahre her, dass diese Frau tot war, als eines Tages, als Katharina im Gebet war, ihr eine Seele des Fegefeuers erschien und zu ihr sagte:

– Schwester Katharina, welches Unglück habe ich doch! Du betest für alle, die sterben, nur mit meiner armen Seele hast du kein Mitleid.

– Wer bist du? fragte Katharina.

– Ich bin diese arme Maria, die verlassen in der Höhle starb.

– Was, du bist gerettet? erstaunte sich Katharina.

– Ja, ich bin es durch die Güte der Jungfrau Maria. In den letzten Augenblicken, von aller Welt verlassen und in Anbetracht meiner schmutzigen Sünden, wandte ich mich an die Mutter Gottes und sagte zu ihr aus tiefstem Herzen: «Du, die Zuflucht der Verlassenen, hab Mitleid mit mir, die ich von der ganzen Welt verlassen bin, du bist meine einzige Hoffnung, eile mir zu Hilfe.» Ich betete nicht umsonst. Dem Eintreten Marias ist es zu verdanken, dass ich der Hölle entkommen konnte durch den Akt wahrer Reue. Diese Königin der Barmherzigkeit hat mir die Gnade erlangt, dass mein Fegefeuer abgekürzt wird. Ich brauche nur noch einige Messen, um erlöst zu sein; lass sie für mich lesen und ich verspreche dir, dass ich, einmal im Himmel, nicht aufhören werde, Gott und seine heiligste Mutter für dich zu bitten.

Schwester Katharina ließ sogleich die Messen feiern und einige Tage danach erschien ihr diese Seele wieder, strahlend wie eine Sonne, und bezeugte ihr ihre Dankbarkeit. «Ich danke dir, Katharina, jetzt ist mir das Paradies geöffnet und ich werde dort die Barmherzigkeit meines Gottes preisen und für dich beten.»

Gebet

Ich grüße dich, Maria, Mutter so voller Gnaden, dass du sie beständig auf uns ausstrahlst, weil der Herr mit dir ist, die du immer tust, was ihm gefällt, und er vollendet sich in dir. Du bist gesegnet unter allen Frauen, denn Gott hat dich erwählt, um sein Wort in dir Fleisch werden zu lassen. So ist auch Jesus, die Frucht deines Leibes, gesegnet, denn die Hand Gottes ruht auf ihm, der der Widerschein der Liebe des Vaters für uns ist; du bist die Pforte des Himmels, die uns Jesus auf ewig gibt und die uns Jesus vorstellt.

Heilige Maria, Mutter Gottes und unsere Mutter, bitte für uns, die du die Zuflucht der Sünder bist, die Trösterin der Betrübten, du bist am Fuße des Kreuzes gestanden und siehst die Größe und das Elend des Menschenherzens. Schmerzhaftes und unbeflecktes Herz Mariä, erbarme dich unser, die wir zu dir unsere Hilfe nehmen. Mit Jesus verzeih uns alles, was wir ihn erleiden ließen, ebenso wie dir, wegen unserer Sünden. Bitte für uns jetzt, denn wir brauchen dich so sehr, um uns zu beschützen, wie du über Jesus gewacht hast und ihn begleitet hast während seines ganzen Zeugnisses für Gott, bis zu seinem Tod am Kreuz. Bitte für uns jetzt wie du es für die Herabkunft des Geistes in die Kirche getan hast und sie durch die ganze Geschichte begleitest. Bitte vor allem in der Stunde unseres Todes für uns, damit wir den Trost seiner Gegenwart in der Stunde des Übergangs von der Welt zum Vater haben. Königin des Himmels, Königin der Engel, Königin des Friedens, besuche die leidenden Seelen im Fegefeuer, die schmerzhaft stöhnen in der Erwartung des Himmels. Deine Gegenwart unter ihnen möge ihnen Zerstreuung, Geduld und Trost bringen. Durch deine glorreiche Himmelfahrt ziehe uns hinter dir her, um uns freudig dem Vater darzubringen. Amen.

Herr, mögen die Seelen der verstorbenen Gläubigen durch deine Barmherzigkeit ruhen in Frieden.

22. Tag: Die himmlische Freude

Die Engel im Himmel und die Heiligen nehmen regen Anteil an unserem Fortschreiten zu Gott, sowohl auf Erden wie im Fegefeuer. Ihre Freude ist nicht eher vollkommen und endgültig, als dass die ganze Schöpfung zur Herrlichkeit Gottes gekommen ist, bis Christus alles unterworfen hat und er sich mit allem dem Vater unterwirft, der alles mit seiner Herrlichkeit erfüllen wird. Dann wird Gott alles in allem sein (1 Kor 15,28). In ihrer Verherrlichung Gottes und in ihrer Freude treten sie mit Christus für uns ein, die wir auf unserer irdischen Pilgerschaft sind, und für die Seelen im Fegefeuer, die auf ihrem schmerzhaften Weg zum Himmel sind. Deshalb ist «im Himmel mehr Freude über einen Sünder, der Buße tut, mehr als über neunundneunzig Gerechte, die der Buße nicht bedürfen» und die «Engel freuen sich über einen einzigen Sünder, der bereut» (Lk 5,7; 10).

Vereinigt mit Jesus üben die Heiligen eine Anziehung auf die Seelen im Fegefeuer aus, ebenso auf die Lebenden guten Willens. Die Engel setzen sich auf Erden ein, um den Plan Gottes zu verwirklichen, damit die ganze Menschheit zu Gott zurückkehrt und zur Glorie des Himmels gelangt. Das ganze Buch der Apokalypse ist dafür Zeugnis. In den Hymnen der Apokalypse ist ein Aufruf zum Lob und ein Überströmen der Freude zu finden: «Alleluja! Heil und Ruhm und Macht unserem Gott... Lobt unseren Gott, alle, die ihm dienen, und die ihn fürchten, klein und groß! Seien wir freudig und heiter, geben wir Gott die Ehre, denn das ist die Hochzeit des Lammes» (Offb 19,1; 5-7).

Durch unsere Hilfe für die leidenden Seelen tragen wir zu ihrem Eingang in den Himmel bei, wo alle Engel freudig singen: «Amen! Lob, Ruhm, Weisheit, Gnade, Ehre, Macht und Kraft unserem Gott von Ewigkeit zu Ewigkeit. Amen» (Offb 7,12). Und «das ganze All ruft aus: "Lob, Ehre, Ruhm und Macht von Ewigkeit zu Ewigkeit sei dem, der auf dem Thron sitzt und dem Lamm!"» (Offb 5,13). Wenn wir diese durch unsere Fürbitte gesegneten Seelen erlösen, verherrlichen wir nicht nur Gott, sondern wir erfreuen den ganzen Himmel.

Einer für alle, alle für einen: Das ist das Gesetz der Solidarität, das das Universum der Gläubigen Gottes regiert. Der Himmel setzt sich beständig ein für das Heil der Erde und das Ende der Qualen der leidenden Seelen im Fegefeuer. Der Schutzengel jedes Einzelnen hat daran einen aktiven Anteil: «Als Zeuge für die Gefühle der Seele und der Anweisungen des himmlischen Bräutigams dient der Schutzengel als ihr Vermittler», so sagt der heilige Bernhard. «In dem Maße, in dem sich die Seele, geläutert durch den Schmerz, Gott nähert, trägt er ihr brennendes Verlangen, ihre Begeisterung, ihre Seufzer zum Himmel. Bis er sie schließlich vor den Thron Jesu Christi stellt und zu ihm sagt: "Gnade sei dir erwiesen, Meister und Herr, weil ihr ihre Wünsche und meine erfüllt habt. Hier steht sie vor euren Füßen, krönt sie mit der Krone, die ihr für sie bestimmt habt. Ihr Ruhm ist der eure, denn ihr seid ihr Heiland."»

Ermahnung

Da wir untereinander verbunden sind und nur einen Leib bilden, bereiten wir den Heiligen und den Engeln im Himmel Freude. Nicht nur, wenn wir auf dem Weg Gottes voranschreiten, sondern auch, wenn wir unseren Brüdern helfen, Fortschritte zu machen, vor allem denen im Fegefeuer, die ohne unsere Hilfe nichts können, um ihre Aufnahme zu Gott zu beschleunigen. Wie wichtig sind doch unsere Gedanken, Worte und Taten im mystischen Leib! Wie sehr können unsere Gebete und was man in Glauben, Hoffnung und Liebe Gutes tut, den ganzen Himmel erfreuen und das ganze Fegefeuer ein bisschen näher zu Gott heben. Es ist wie der Duft von Weihrauch, der die Seele zum Himmel erhebt, und wie ein erquickender Tau für die leidenden Seelen.

Beispiele

Eine Seele, die ihr Leben sehr christlich und in Barmherzigkeit gegen die Seelen im Fegefeuer geführt hat, wurde in ihren letzten Augenblicken vom Dämon angegriffen. Es schien ihr, dass die ganze Hölle sie umgäbe mit ihren höllischen Legionen. Der Sterbende setzte diesen Angriffen großen Widerstand entgegen. Glücklicherweise hatte er durch seine Fürbitte einer großen Zahl von Seelen den Eintritt ins Paradies erleichtert, die, als sie ihren Wohltäter in einem so verzweifelten Kampf sahen, ihm zu Hilfe eilten. Einige stürzten sich auf die bösen Geister und schlugen sie in die Flucht; andere umgaben das Bett des Sterbenden, um ihn zu beschützen; andere schließlich wandten sich ihm zu, um ihn zu trösten. Er stößt schließlich einen tiefen Seufzer aus und bittet:

– Sagt mir gnädig, wer seid ihr, die ihr mir so viel Gutes tut.

– Wir sind, so sagten sie, Bewohner des Himmels, die eure Fürbitten zum ewigen Glück geführt haben.

Bei dieser glücklichen Neuigkeit erhellte ein Lächeln das Gesicht des Sterbenden, der seine Seele in großem Frieden aufgibt. Als seine Seele vor Gott erschien, umgaben ihn alle Seelen, die zu seiner Verteidigung herbeigeeilt waren. Sie gelangte schnell zur ewigen Herrlichkeit inmitten der Lobpreisungen der Heiligen, die er dem Fegefeuer entrissen hatte.

Ansault, Bischof von Poitiers, kehrte von Sizilien zurück, als ein Sturm das Schiff an eine beinahe verlassene Insel warf. Dort lebte ein Diener Gottes namens Johannes, der in grossem Rufe der Heiligkeit stand. Der Bischof begab sich zum ihm, um ihn über die jenseitigen Wirklichkeiten zu befragen und vor allem über die Herrlichkeit, die uns im Himmel erwartet.

Nach dieser Unterhaltung erkundigte sich Johannes nach der Herkunft des Bischofs. Als er erfuhr, dass er aus Frankreich käme, fragte er ihn, ob er das erbauliche Leben des Königs Dagobert kenne (636).

– Zweifellos, antwortete der Prälat.

– Wissen Sie nicht, dass dieser Fürst ins andere Leben gegangen ist?

Als Ansault zögerte, es zu glauben, erzählte ihm der heilige Mann eine Schauung, die er gehabt hatte: Eines Morgens war er, ermüdet von den langen Gebeten der Nacht, eingeschlafen und hatte gesehen, wie eine ehrwürdige Gestalt mit weißen Haaren erschien, ihn schüttelte und sagte:

– Erhebt euch ganz schnell und begebt euch zum Gebet, um die göttliche Barmherzigkeit für den König Dagobert zu bestürmen, dessen Seele heute seinen Körper verlassen hat.

Kaum hatte Johannes zu beten begonnen, sah er eine Schar von Dämonen, die den König auf einer Barke mitzunehmen schienen. Sie trieben ihn mit Wut an einen feurigen Ort und stießen ihn grausam. Der arme König rief die Märtyrer Sankt Denis und Sankt Moritz zu Hilfe ebenso Sankt Martin, für den er Kirchen erbaut hatte. Da zeigten sich plötzlich drei Personen, weißbekleidet und strahlend wie die Sonne, dem König Dagobert, und sahen ihn sehr mitleidig an: «Wer seid ihr? fragte der König. Seid ihr gekommen, um mich zu befreien?» Sie antworteten ihm, dass sie Denis, Moritz und Martin seien; dass sie auf seinen Anruf hin gekommen seien und ihn aus der Gefahr ziehen wollten, um ihn zum Himmel zu führen. Dann erhoben sie die Arme und die Dämonen flohen; danach stiegen sie mit der Seele des Königs Dagobert zum Himmel auf.

Gebet

Herr, Gott, du hast uns zu deinem Ruhm erschaffen, damit in deiner Liebe, im Strahlen deines Sohnes Jesus, unseres Heilands, und im Leben deines Geistes der Liebe, einer mit dem anderen eins sei. Sei gepriesen für das wunderbare Ziel, das du uns bestimmst. Mach uns deiner würdig durch die Treue zu deiner Gnade, damit wir einmal die Freuden genießen, zusammen mit deinen Heiligen und allen Engeln dein Lob zu singen.

Sei gepriesen für die Hilfe aller unserer himmlischen Brüder und für den Schutz deiner heiligen Engel, die du zu unserem Schutz eingesetzt hast, und mit denen wir, vereint mit dir, leben werden von Ewigkeit zu Ewigkeit. Amen.

Herr, mögen die Seelen der verstorbenen Gläubigen durch deine Barmherzigkeit ruhen in Frieden.

23. Tag: Der Sinn des Lebens

Der Tod eines Familienmitgliedes, das Verschwinden eines Freundes, unser eigener Tod, das bewegt dazu, über den Sinn des Lebens nachzudenken. Woher komme ich, wohin gehe ich, wer bin ich? Das sind Fragen, die wir in diesem oder jenem Augenblick unseres Lebens stellen!

«Es gibt nur einen Gott: Den Vater, von dem alles kommt und für den wir leben, und einen Herrn: Jesus Christus, durch den alles ist und durch den wir leben» (1 Kor 8,6). Alles kommt von Gott und wir kehren zu ihm zurück. Unser wahrer Grund zu leben ist für den Herrn zu leben: «Wenn wir leben, so leben wir dem Herrn und wenn wir sterben, sterben wir dem Herrn; ob wir also leben oder sterben, wir gehören dem Herrn» (Röm 14,8).

Uns in diesem Leben reich zu machen, Güter anzuhäufen, das nützt nichts, denn man kann beim Tode nichts mitnehmen. Es ist besser «uns reich zu machen vor Gott» (Lk 12,21). Ebenso sollen wir uns bewusst werden, dass unsere Taten ihren ganzen Wert von Gott her bekommen: «Ob ihr esst oder trinkt, was immer ihr tut, tut alles zur Ehre Gottes» (1 Kor 10,31).

Gott hat einen Plan mit uns: «Er will, dass alle Menschen gerettet werden und zur Erkenntnis der Wahrheit gelangen» (1 Tim 2,3). Gerettet sein bedeutet, für Gott zu leben und in seiner Gegenwart. Jesus erleuchtet uns durch sein Wort und seine Tat und zieht uns mit sich zum Vater, indem er uns durch den göttlichen Geist sein Leben gibt: «Ich bin der Weg, die Wahrheit und das Leben, keiner kommt zum Vater außer durch mich» (Joh 14,6).

«Der Wille des Vaters ist, dass, wer immer den Sohn sieht und an ihn glaubt, ewiges Leben habe, und Jesus wird ihn auferwecken am Jüngsten Tage» (Joh 6,40). Wenn wir von Gott abgeschnitten sind, können wir aus eigener Kraft nicht zu ihm aufsteigen, wegen der Sünde, die uns blind und schwach macht: Wir brauchen die Hilfe Gottes, die offenbar wurde in unserem Fleisch durch sein Wort: Jesus.

«Das Gebot Gottes ist, an den Namen seines Sohnes Jesus Christus zu glauben und uns zu lieben» (1 Joh 3,23).

Wir müssen unser Leben im Glauben an Jesus entwickeln und seiner Lehre des Lichts folgen, wenn wir im Licht gehen wollen und uns gegenseitig lieben wie er uns liebt. Die Passion Jesu war sein Vater: Sein ganzes Leben mündete in den Vater ein, der ihn auferweckte, deshalb wird, «wer den Namen des Herrn anruft, gerettet werden» (Röm 10,13).

Wir müssen beharrlich sein in unserem Glauben an Gott, in unserer Hoffnung auf den Himmel und in unserer Liebe zu Gott und dem Nächsten, denn wer «ausharrt bis ans Ende, der wird selig sein» (Mk 13,13) trotz Schicksalsschläge und misslicher Umstände.

Schon hienieden erleben wir den Himmel, das Fegefeuer und die Hölle, nach unserer Wahl.

Wir werden Gott Rechenschaft ablegen müssen über die Talente, die wir von ihm empfangen haben, und über die Art und Weise, wir wir sie anwandten (Mt 25,14-28).

Wir müssen uns bereithalten, vor ihm zu erscheinen und wachsam sein (Mt 24,42-44) um den Glauben lebendig zu erhalten, die Nächstenliebe tätig, die Hoffnung gegenwärtig, denn man weiß nicht den Tag und die Stunde, in der Gott uns zu sich rufen wird.

Ermahnung

Lassen wir uns anrühren durch den Tod eines uns Nahestehenden, denn eines Tages wird die Reihe an uns kommen. Nutzen wir die Erhellung unseres Glaubens, um die Freude zu haben, dem Herrn entgegenzuschreiten, denn er ist unser einziges und wahres Ziel, das ewige Glück, für das er uns erschaffen hat. Lassen wir uns ansprechen von der Gnade Gottes, die unter allen Bedingungen gegenwärtig ist, und uns zu ihm zieht, um in seiner Gegenwart zu leben, in dem Glück, so sehr geliebt zu sein. Wenn die Seelen des Fegefeuers auf die Erde zurückkehren könnten, würden sie sicher viel besser leben, als sie es einst getan haben. An uns ist es, das Notwendige zu tun, um ins Paradies zu kommen.

Beispiel

Archangela Panigarola, eine Nonne aus Mailand, hatte einen wunderbaren Eifer für die Seelen im Fegefeuer. Sie betete viel und ließ für sie beten. Dennoch betete sie fast nie für die Seele ihres Vaters Gotthard, obwohl sie ihn während seines irdischen Lebens geliebt hatte. Es kam ihr manchmal der Gedanke daran in den Sinn, aber sie dachte sofort an andere Dinge oder andere Seelen.

Am Tage der Toten war sie in ihrem Zimmer und betete; da erschien ihr plötzlich ihr Schutzengel und führte sie ins Fegefeuer. Da erkannte sie unter einer Vielzahl von Seelen die Seele ihres Vaters, getaucht in einen Teich von Eiswasser. Kaum hatte Gotthard seine Tochter erkannt, rief er ihr zu:

– Ach! Archangela, wie hast du nur deinen unglücklichen Vater in der Qual vergessen können! Du erzeigst dich voller Nächstenliebe gegenüber den Fremden, und ich habe viele davon dank deines Gebetes in den Himmel aufsteigen sehen; aber für mich, dem du so viel verdankst, hast du nicht das geringste Mitleid.

Archangela erfloß bei diesen Vorwürfen, die sie verdiente, in Tränen, und versprach ihrem Vater, dass sie alles täte, was er von ihr verlangte.

Der Engel führte sie an einen anderen Ort. Sie fragte ihn, wie Gott es erlauben konnte, dass sie nicht für ihren Vater gebetet habe, obwohl sie so oft daran gedacht habe.

– Ich erinnere mich sogar eines Morgens, so sagte sie, an dem ich begonnen habe, für ihn zu beten, da wurde ich im Geiste entzückt und es schien mir, dass ich ihm ein sehr weißes Brot anbot, aber dass er es mit verachtenden Blick ansah und sich weigerte, es zu nehmen. Das ließ mich fürchten, dass er verdammt sei. Nach dieser Schauung dachte ich kaum mehr daran, für ihn zu beten, während ich sehr viel für andere betete.

Der Engel antwortete ihr:

– Eurer Vergessen wurde von Gott erlaubt wegen des geringen Eifers eures Vaters, für sein Heil etwas zu tun und die guten Werke zu verrichten, die der Himmel ihm eingab. Gott hat erlaubt, dass ihr zu ihm waret, wie er zum Herrn gewesen ist. Vergessen gegen Vergessen. Das war die Bedeutung der Zurückweisung des Brotes, wie sie euch gezeigt wurde.

Archangela kam wieder zu sich, aber sie war so gebrochen von Kummer, dass sie keinen Augenblick Ruhe hatte. Es schien ihr, sie höre immer die Schreie ihres armen Vaters und sie weinte darum viel. Sie vervielfachte die Gebete und Bußwerke.

Da erschien ihr eines Tages die Seele ihres Vaters, strahlend und durchflutet von Freude. Er dankte seiner Tochter, dann erhob er sich zum Himmel, und Archangela blieb zurück mit soviel Glück, als sie einst Qual hatte.

Gebet

Herr, Gott, Meister des Lebens und aller Dinge, wir wissen, dass wir von dir kommen und zu dir zurückkehren, der Quelle des Lebens. In dir leben wir, bewegen uns und sind wir. Erhalte uns dankbar für die Gnade unseres Daseins, das uns Anteil gibt an deinem Reich durch einen reinen Akt der Güte. Erhalte uns in der Achtung vor dem Leben, aufmerksam es zu hegen und wie in uns selbst, es in jedem unserer Brüder zu entwickeln. Dank für alle Erleuchtungen, die du uns in diesem irdischen Leben über das Jen-

seits gegeben hast, in denen du uns durch Jesus enthüllst, zu welcher Würde wir berufen sind und welches Erbe uns versprochen ist, denn durch die Gnade sind wir «Kinder Gottes und Miterben» eines vielgeliebten Sohnes Jesus, unseres Heilandes. Sei gepriesen für das Heil, das du unseren Brüdern im Fegefeuer zugesichert hast.

Herr, mögen die Seelen der verstorbenen Gläubigen durch deine Barmherzigkeit ruhen in Frieden.

24. Tag: Der klinische Tod

Man hat sich in den letzten Jahren sehr für Erfahrungen interessiert, die von einer großen Anzahl von Personen gemacht wurden, die anlässlich eines Unfalls oder einer Operation für klinisch tot erklärt wurden (unterbrochene Atmung, Herzstillstand, Gehirnfunktion gleich null). Zum Leben zurückgeführt, erzählten sie, was mit ihnen geschehen war während ihres kurzen Übergangs ins Jenseits. Alle machten gleichsam dieselbe Erfahrung. Nach ihren Zeugenaussagen bringen wir das, was verdient, erzählt zu werden.

«Gleich nach dem Unfall hörte ich ein starkes Geräusch von Läuten... irgend etwas, das Harfentönen glich (vgl. Die Trompete des Gerichts: Mt 24,3; 1 Kor 15,52).

Beim Augenblick des Schlages hat mein ganzes Leben an mir vorbeizuziehen begonnen; es hub an mit der Zeit, wo ich ein Kleinkind war, dann schritten die Bilder weiter fort in der Zeit: Ich erinnerte mich an alles, und alles war unglaublich lebendig, es stand ganz klar vor meinen Augen... Ich wurde verzehrt von Scham wegen einer Menge Dinge, die ich getan hatte. Ich sah nicht nur, was ich getan hatte, sondern ebenso die Auswirkungen, die meine Taten auf andere Personen hatten; das alles fühlte ich. Ich entdeckte, dass sogar meine Gedanken erhalten geblieben waren; alle meine Gedanken waren gegenwärtig. Das geschah im Bruchteil einer Sekunde (vgl. die Diener, die Rechenschaft ablegen vor ihrem Meister: Mt 25,19; alles, was wir tun, ist aufgeschrieben und wird beurteilt: Offb 20,12).

Ich fand mich schwebend über meinem Körper vor, der eingeklemmt war in die Karosserie... Ich sah Leute um meinen Körper.

Manche versuchten, ihn wiederzubeleben; ich verstand, was sie sagten, ohne sie zu hören; ich wusste, was sie dachten.

Ich hatte einen anderen Leib, durchscheinend, geistig (vgl. 1 Kor 15,44). Danach wurde ich sehr schnell in einen dunklen Gang gezogen... Ich sah mich in einem sehr tiefen und dunklen Tal (vgl. Das Tal der Schatten des Todes; Ps 22,4).

Während ich weiterging, kam ein Raum, in dem alles düster war. Die Personen erschienen traurig, niedergedrückt, verirrt; sie hatten ein niedergeschlagenes, belastetes, graues Aussehen; sie schienen beständig von einem Ort zum anderen zu gehen. Es kann sein, dass sie noch mit der physischen Welt in Kontakt waren; irgend ein Band zog sie nach unten, denn ich sah sie alle gebeugt und nach unten schauend. Es waren sehr viele. Ich sah, wie sie versuchten, mit denen auf der Erde in Kontakt zu kommen, aber niemand bemerkte ihre Gegenwart.»

«Eine Frau erlitt großes Übel, um sich ihren Kindern und ihrer Mutter auf der Erde zu offenbaren. Sie sah aus, als wolle sie ihnen erklären, dass man gewisse Dinge anders machen muss, als sie sie machten: dass sie sich ändern mussten, ihren Lebensstil verändern. Sie versuchte, sie wieder auf den guten Weg zu bringen aus Furcht, dass auch sie in den Zustand kommen, in dem sie sich befand:

«Tut das nicht, was ich getan habe, damit euch das nicht auch passiert! Tut anderen Gutes, damit ihr nicht so tief fallt!» (vgl. Der schlimme Reiche und der arme Lazarus: Lk 16,19-30; Das Tal des Gerichts: Joel 4,14).

Am Ausgang des Tunnels befand ich mich in einem Licht, das immer strahlender und golden wurde. Ich bemerkte eine Menge von Leuten, die ich früher alle gekannt hatte und die in das andere Leben hinübergegangen waren. Ich erkannte meine Großmutter und eine ehemalige Klassenkameradin und auch andere Angehörige und Freunde. Sie hatten alle zufriedene Gesichter; sie waren gekommen, um mich zu beschützen und mich zu führen. Alles erschien mir schön und leicht (vgl. Die ungeheure Menge, die Johannes im Himmel sieht: Offb 7,9).

Das Licht, das mich von allen Seiten her einhüllte, erleuchtete alles: ein Licht von reinem Kristall, ein Licht, das von einem Wesen ausging, ein Licht des völligen Verstehens und der vollkommenen Liebe, ein wunderbares Licht, das alles um sich her erleuchtet und Wärme und Liebe ausstrahlte, eine unvorstellbare und, unbeschreibbare Liebe; sie übte eine magnetische, unwiderstehliche Anziehung aus. Sie strahlte von diesem Lichtwesen aus (vgl. Gott ist Licht: 1 Joh 1,5; Gott ist Liebe: 1 Joh 4,8; Das Meer von Kristall, das in Gott entspringt: Offb 4,3; 6).

Dieses Lichtwesen hat mich über die Liebe befragt. Wieweit habe ich gelernt zu lieben? Die Liebe interessierte es, das war die ganze Frage; diese Liebe, die mich dafür interessiert zu wissen, ob mein Nächster satt ist und bekleidet ist, und mein Interesse weckt, ihm zu helfen (vgl. Das Gebot Christi: Joh 15,12; Was man den anderen tut, die in Not sind: Mt 25,35).

In der Ferne sah ich eine Stadt, es waren große Häuser, eines vom anderen getrennt, die funkelten. Die dort wohnten, waren glückliche Leute. Man sah sprudelnde Quellen und Brunnen. Es war eine Stadt des Lichts. Es gab darin auch schöne Musik. Alles strahlte, alles war wunderbar... Man erfuhr ein Gefühl völligen Friedens, von Glück und Liebe (vgl. Das neue Jerusalem: Offb 21; 2, 10-11; 23; 22, 1-2). Eine sanfte, liebevolle Stimme sagte zu mir: "Ich bin mit dir. Deine Stunde ist noch nicht gekommen... Du musst wieder zurückkehren, du hast dein Werk auf Erden noch nicht vollendet." Niemals wollte ich aus der Gegenwart dieses Wesens weggehen.

Als ich wieder zu mir kam, fasste ich den Entschluss, alles zu ändern. Ich empfand eine tiefe Reue... Ich schämte mich so sehr für das, was ich in meinem Leben getan oder nicht getan habe. Ich war bestimmt von dem dringenden Wunsch, etwas für andere zu tun... Ich versuche, niemals über andere ein Urteil zu fällen... Jetzt denke ich nach. Ich verstehe jetzt die Dinge unendlich viel besser. Ich habe den Eindruck, von einem neuen Geist erfüllt zu sein... Es passiert mir, die Bedürfnisse anderer zu erraten und ihre Gedanken... Ich habe die Gewissheit, dass der Tod nicht existiert: man geht nur von einem Zustand in den folgenden über...

Ich begreife, in welchem Sinn unser Leib für uns ein Gefängnis ist und der Tod eine Befreiung (vgl. Der heilige Paulus, der am liebsten seinen Leib verlassen würde, um zum Herrn zu gehen: 2 Kor 5,8).»

Ermahnung

Sterben? Das wird mit mir auch eines Tages geschehen. Habe ich vielleicht eine ähnliche Erfahrung gemacht? Diese kurzen Zeugnisse können mich dazu antreiben und anstacheln, hier unten so gut als möglich zu leben, um zum Lichte Gottes zu gelangen. Wieviel könnte ich doch tun für die, die nach diesem Leben umherirren, durch mein Gebet für sie, durch ein gerechtes Leben, das sich auf diese Seelen auf der Suche nach Befreiung auswirkt! Wie wichtig ist doch das Leben!

Beispiel

Die ehrwürdige Angela Tolomei, die erzogen wurde in der Liebe zur Tugend, wurde krank.

Nahe daran, ihren letzten Seufzer zu tun, hatte sie eine Schauung: Sie sah sich an einem sehr öden Platz, wo alle Qualen des Fegefeuers vertreten waren.

Hier lodernde Flammen, da Teiche von Eis, anderswo brodelnder Schwefel, schreckliche wilde Tiere und hundert andere Qualen.

Es wurde ihr gezeigt, an welchen Ort ihre Seele geführt würde, um gewisse Fehler zu sühnen, die sie nicht genug bekämpft hatte. Dieses Schauspiel war so peinsam zu ertragen, dass sie, als sie wieder zum Bewusstsein kam, von Kopf bis Fuß zitterte und starb.

Während man ihren Leib in die Erde legte, befahl ihr der selige Johannes Baptista, ihr Bruder, im Namen des Herrn in das irdische Leben zurückzukehren.

Augenblicklich erwachte ihr Leib wieder zum Leben.

Von nun an kümmerte sie sich nur noch darum, Buße zu tun, ungetrübt der Winterskälte, der Hitze des Sommers und peinsamer Arbeiten. Sie legte sich sehr peinsame Bußwerke auf, die das Mitleid derer, die sie kannten, auf sich zogen. Sie sagte, dass all das nichts ist im Vergleich zu den Leiden im Fegefeuer. Schließlich, geläutert durch so viele Leiden, starb sie und flog geradewegs in den Himmel ein.

Gebet

Herr, du erlaubst, dass wir manchmal Einblick gewinnen in die Wirklichkeiten des Jenseits, damit wir wissen, was uns nach diesem irdischen Leben erwartet, damit wir mit Weisheit danach streben und den Blick auf dich richten. Mögen die Lichter, die unsere Brüder gesehen haben, die nahe am Tod vorbeigegangen sind, auch uns helfen, für die Seelen auf dem Weg der Läuterung zu beten und für dich das Zeugnis zu geben, dass das Wesentliche unseres Lebens nach unserem Tode geschieht, und dass wir unsere Zukunft von der Gegenwart dieses Lebens, das du uns gibst, bestimmen.

Herr, mögen die Seelen der verstorbenen Gläubigen durch deine Barmherzigkeit ruhen in Frieden.

25. Tag: Erscheinungen von leidenden Seelen

Der heilige Thomas von Aquin sagt, dass die Seelen des Fegefeuers sich manchmal den Blicken der Lebenden darbieten und ihnen erscheinen können, um sie um Hilfe zu bitten.

Diese Art der Offenbarung ist häufig im Leben der Heiligen. Sie unterrichten uns über die Heiligkeit, die Gerechtigkeit und die Barmherzigkeit Gottes und die Schwere jeder Beschmutzung. Hier einige Beispiele davon, die während Jahrhunderten aufgetreten sind:

2. Jahrhundert: Die heilige Perpetua hatte im Gefängnis in Karthago eine Vision ihres jüngeren Bruders Dinocratus, der an Wangenkrebs gestorben war, wie er das Feuer und den Durst erlitt, nahe an einem Brunnen, dessen Wände zu hoch waren, um daraus zu trinken. Sie betete viel für ihn und sah ihn in einer weiteren Vision wieder, wie er Wasser trank und von strahlendem Licht umgeben war.

6. Jahrhundert: Der heilige Gregor der Große erzählte, dass der Kardinal Pascasa nach seinem Tode dem heiligen Germain, dem Bischof von Capua, erschien, im Aussehen eines armen Dieners und sagte, er müsse seine allzu menschliche Opposition zu Papst Symmachus sühnen, und bat den Bischof, für ihn zu beten, und dass er ihm dafür sehr dankbar wäre. Das tat der heilige Germain auch, und er empfing nach einigen Tagen die Zusicherung der Erlösung von Pascasa.

7. Jahrhundert: Der heilige Beda, Mönch aus England, erzählt die Geschichte eines Mannes, der gestorben war und wieder zum Leben kam, und bezeugte, was er von der anderen Seite des Todes gesehen hatte: Viele Seelen, die in einem See von Feuer gequält wurden, weil sie ihre Bekehrung bis zur Stunde ihres Todes hinausgeschoben hatten. Dann sah er einen herrlichen Ort von Licht, aber der Engel, der ihn führte, befahl ihm, wieder auf die Erde zurückzukehren. Er wurde Mönch und führte ein sehr erbauliches Leben, das Zeugnis gab von seinem Abenteuer.

12. Jahrhundert: Der heilige Bernhard von Clairvaux und einer seiner Ordensmänner sahen die Seele eines verstorbenen Ordensmannes, der die Regel wenig beachtete und gemartert wurde wegen Verfehlungen, die er auf Erden noch nicht gesühnt hatte. Bernhard bat seine Ordensleute um Gebet, Fasten und der Messe für diese arme, gemarterte Seele. Diese erschien kurze Zeit später dem Ordensmann und führte ihn in die Kirche, wo man eine Messe feierte und bedeutete ihm, dass die heilbringende Hostie die Sünden der Welt auslöscht, was am meisten zu seiner Erlösung beigetragen hat.

13. Jahrhundert: Der heilige Dominikus erweckte eines Tages ein junges Mädchen wieder zum Leben, dem man den Kopf abgetrennt hatte, weil sie den Tod von zwei jungen Leuten verursacht hatte, die sich in sie verliebt hatten. Befragt von Dominikus, was mit ihr nach dem Tod geschehen war, erzählte sie, dass ihre Reue, dank der Verdienste der Rosenkranzbruderschaft, der sie angehörte, ihr die Verdammnis erspart hätten; dass sie sich von einer Schar von Dämonen umgeben sah beim Augenblick des Todes und Maria sie davon erlöste; dass sie siebenhundert Jahre Fegefeuer vor sich hatte wegen ihrer Verfehlung und ihren Anmaßungen, aber dass sie auf das Einschreiten der Rosenkranzbruderschaft rechnete, damit ihre Qual abgekürzt werde. Sie starb wieder, wurde begraben und erschien fünfzehn Tage später dem heiligen Dominikus ganz strahlend von Licht, dankte ihm zusammen mit der Bruderschaft und bat ihn im Auftrag der Seelen im Fegefeuer, den Rosenkranz zu beten und seine Verehrung zu verbreiten, weil er ihr jeden Tag eine wunderbare Erleichterung gegeben hätte.

14. Jahrhundert: Die heilige Brigitta von Schweden sah mehr als einmal Seelen im Fegefeuer die Hilfe ihrer Gebete und Bußwerke für sie erbitten. Eines Tages hörte sie beim Anblick des Fegefeuers einen Engel sagen: «Gesegnet sei der, der auf Erden den Seelen mit seinen Gebeten und guten Werken hilft, denn die Gerechtigkeit Gottes fordert, dass die Seelen geläutert werden durch die Prüfungen des Fegefeuers, oder befreit werden durch die guten Werke ihrer Freunde.» Da hörte Brigitta einen Chor von flehenden Stimmen: «Herr, Jesus Christus, sehr gerechter Richter, schau durch deine unendliche Barmherzigkeit nicht auf unsere unzählbaren Sünden, sondern auf die Verdienste deines kostbaren Leidens: Gib den Herzen der Priester und Ordensleute das Gefühl wahrer Nächstenliebe ein, damit sie durch ihre Gebete und Opfer, durch Almosen und Fürbitten, uns in unserer traurigen Lage zu Hilfe kommen; sie können unsere Qualen mildern und abkürzen und erreichen, dass wir eher bei dir sind, o Gott.» Und nachdem ein großes Licht auf das Fegefeuer herniedergestiegen war, sangen Stimmen: «Herr, vergilt hundertfältig das Gute, das uns die tun, die für unsere Erlösung wirken und dazu beitragen, uns in dein himmlisches Licht zu geleiten.»

16. Jahrhundert: Die heilige Theresia von Avila erhielt von Bernhardin von Mendoza ein Haus, um darin ein Karmeliterkloster zu gründen. Der Spender starb und Jesus erschien Theresia und ließ sie wissen, dass seine Seele bei der ersten Messe, die in diesem zukünftigen Kloster gelesen wurde, aus dem Fegefeuer erlöst wäre; aber man musste es noch einrichten und die Stiftung machen. Als alles bereit war, wurde die Messe gelesen, und bei der Kommunion sah Theresia die Seele Bernhardins ihr erscheinen mit strahlendem Gesicht und dankte ihr. Sie sah sie zum Himmel aufsteigen.

17. Jahrhundert: Die heilige Margarita-Maria sah eines Tages, als sie sich vor dem heiligen Sakrament befand, eine Person ganz in Feuer; es war die Seele eines Benediktinermönchs, der ihr gestand, er habe seinen eigenen Nutzen über den Ruhm Gottes gestellt, indem er zuviel auf seinen Ruf gab, dass es an Nächstenliebe an seinem Bruder fehlen ließ und zuviel natürliche Liebe für die Geschöpfe bei seinen geistigen Unterhaltungen hatte. Er bat die heilige Margarita drei Monate lang für sein Heil zu wirken. Das tut sie unter großem Leiden, denn sie sah ihn oft in großen Qualen. Schließlich sah sie ihn vollendet von Freude und Herrlichkeit, wie er zum Himmel ging.

18. Jahrhundert: Der heilige Paul vom Kreuz sah die Seele eines Priesters, der am Vorabend gestorben war. «Ich bin im Fegefeuer, weil ich die Fehler nicht korrigiert habe, deretwegen ihr mich so oft getadelt habt. Oh! Wie ich leide! Es scheint mir, dass ich schon tausende von Jahren in diesem Feuermeer zugebracht habe; wie die Zeit lang ist im Fegefeuer!» Er flehte den heiligen Paul vom Kreuz an, ihn zu erleichtern. Im Laufe der Kommunion einer seiner Messen sah Paul die Seele dieses Priesters ganz freudig vorbeiziehen, wie sie leuchtend von Licht zum Himmel aufflog.

19. Jahrhundert: Die heilige Gemma Galgani erfuhr auf übernatürliche Weise vom Tode einer Schwester, deren Name ihr enthüllt wurde. Sie erschien Gemma und flehte sie an, für sie einzutreten in den schrecklichen Qualen, die sie erduldete. Gemma flehte den Herrn für sie an, während sechzehn Tage des Leidens, danach sah sie plötzlich diese Ordensfrau, begleitet von ihrem Schutzengel und Jesus, ganz wunderbar schön und strahlend in den Himmel eingehen.

Ermahnung

Gott erlaubt diese Erscheinungen von Seelen des Fegefeuers, die kommen, um unser Mitleid zu erbitten, damit wir ihnen zu Hilfe kommen und sie erlöst werden. Lesen wir die Zeugnisse der Heiligen, damit wir es uns zu Herzen nehmen; denken wir nach über die Offenbarungen über das Fegefeuer, die z.B. die heilige Franziska Romaine (15. Jh.),

die heilige Katharina von Genua (16. Jh.), die ehrwürdige
Maria-Anna Lindmayr (17. Jh.), die heilige Veronika Gui-
liani (18. Jh.), die ehrwürdige Anna Katharina Emmerich
(19. Jh.), und Maria Simma (20. Jh.) hatten. Hören wir dar-
auf, was viele Heilige gesagt haben. Wir werden dann ver-
stehen, wie sehr wir mit dieser leidenden Kirche verbunden
sind, mit diesen geretteten Seelen, die auf die himmlische
Herrlichkeit warten und mit unseren Gebeten für sie rech-
nen. Wie dankbar werden sie uns im Himmel sein!

Beispiel

In der Stadt Worms in Deutschland hatte man während
mehrerer Nächte Legionen von bewaffneten Männern
wahrgenommen, die sich auf das Feld verteilten, die
einen zu Fuß, die anderen zu Pferde, als ob eine große
Schlacht stattfinden sollte. Gewöhnlich begannen diese
Erscheinungen um Mitternacht, und bei Tagesanbruch
verflüchtigten sie sich, als ob die Krieger sich in eine
Höhle zurückgezogen hätten.
Nicht weit davon entfernt war das Kloster Limberg,
dessen Nachtruhe von diesen eigenartigen Geräuschen
gestört wurde. Deshalb ließ ein heiliger Ordensmann
einigen seiner Brüder erlauben, in der Nacht zu diesen
unbekannten Kriegern zu gehen, um zu erfahren, wer
sie seien und was sie wollten. Nachdem sie sich durch
das Gebet gestärkt hatten und den Schutz Gottes auf
dieses Unternehmen herabgerufen hatten, verließen sie
das Kloster und dort beschwor sie in dem Augenblick,

da sich diese bewaffneten Männer anschickten, herauszukommen, der Mutigste der Ordensleute, ihnen im Namen Gottes zu sagen, wer sie seien und welches ihr Ziel und ihre Absicht wäre.

Da antwortete einer von ihnen:

– Wir sind keine lebendigen Soldaten, die Krieg machen, sondern die Seelen von vielen Toten, die an diesem Ort getötet wurden, im Kampf unter den Standarten unserer beiden Herrscher. Unsere Leiber sind hier begraben und unsere Seelen leisten hier ihr Fegefeuer ab. Dieser Lärm von Waffen und Pferden, der einst der Anlass für unsere Sünden war und den Gott erlaubt, dass ihr hört, ist das Mittel der Qual, die uns niederdrückt. Eure Augen sehen nicht die Flammen, die uns einhüllen, aber sie sind sehr grausam.

Der Ordensmann war erschrocken bei dieser Enthüllung, fasste aber wieder Mut und sagte:

– Wäre es uns möglich, euch in eurem Unglück zu Hilfe zu kommen, das euch niederdrückt und wie könnten wir das machen?

– Oh! Sicherlich! Und damit ihr das tut, erlaubt uns der Herr, uns euch zu zeigen. Euer Fasten, euer Gebet und Bußwerke, vor allem eure Kommunionen können uns aus dem Feuer befreien, das uns verzehrt. Wir flehen euch an, die Inbrunst eurer Frömmigkeit zu verdoppeln und das Verdienst eurer Werke Gott anzubieten. Wir armen Unglücklichen können uns selbst keine Erleichterung verschaffen: Wir müssen nur leiden bis zum Ende unseres Fegefeuers.

Augenblicklich rief die ganze Menge in jämmerlichem Ton wie mit einer Stimme aus:

– Betet für uns, ihr Väter, betet für uns!

Dann verschwand alles, aber gleichzeitig erschien der Berg ganz in Feuer getaucht, wie ein unendlicher Brand, dessen Zucken schrecklich war.

Die Ordensleute kehrten unter dieser erschreckenden Helle eilends nach Hause zurück, erzählten alles ihren Mitbrüdern, die mit den Gebeten anhuben und den heiligen Werken, die sie dieser unzählbaren Schar von Toten versprochen hatten. Von diesem Augenblick an hörten die Erscheinungen und Geräusche auf.

Gebet

Herr, Gott der Lebenden, durch unsere verdienstvollen Werke und Bußübungen, hilf den Seelen im Fegefeuer, die ihre Erlösung erwarten, damit sie in dein Reich des Lichts, des Lebens und der Liebe eingehen. Mögen wir beim Gedenken an unsere verstorbenen Angehörigen und Freunde unser Herz zu dir erheben, um für sie einzutreten und ihre Reinigung zu beschleunigen. Erlaube nicht, dass wir die vergessen, die uns vorausgegangen sind; dass ihr Glück ein wenig von uns abhängt wie das unsere ein wenig von ihnen abhängt, wenn sie in deinem Reiche sind. Mögen die Seelen der verstorbenen Gläubigen durch deine Barmherzigkeit ruhen in Frieden.

26. Tag: Das Gericht

Im Credo bekennen wir unseren Glauben an ein Gericht Gottes über jedes Geschöpf, ein Gericht, das durch Christus ausgeübt wird, der zum Himmel aufgestiegen ist, «von dort er kommen wird zu richten die Lebendigen und die Toten». Das Gericht ist die Enthüllung des Guten oder Bösen im Leben jedes Einzelnen und der ganzen Menschheit, das ist die Bloßlegung dessen, was wir nach unserem Gewissen getan oder nicht getan haben, das ist die Offenbarung unserer Absichten unser ganzes Leben lang im Lichte Gottes.

Niemand wird diesem Gericht entrinnen können. «Wir alle müssen vor dem Richterstuhl Gottes erscheinen» (Röm 14,10-12). «Der Herr wird bekanntmachen, wer zu ihm gehört und heilig ist» (Num 16,5-7). Und «die Urteile Gottes sind wahr» (Ps 18,19). Vor ihm liegt alles bloß. In unserem Leben gibt es gute Saat und Unkraut, und die Endlese davon wird am Ende unseres Lebens gemacht werden im Lichte Gottes, der das verbrennen wird, was nicht zu seinem Wesen passt (Mt 13,37-43). Es wird nicht nur ein persönliches Gericht über unser Leben geben, sondern auch ein Gesamtgericht, in dem unser Verhalten gegenüber dem All offenbar gemacht wird (Mt 25,31-46).

«Alles liegt bloß und offen vor den Augen dessen, dem wir Rechenschaft abgeben müssen» (Hebr 4,13).

«Am Tage seines gerechten Gerichts wird Gott jedem nach seinen Werken vergelten, ewiges Leben für die, die ausdauernd im Guten sind, Zorn und Verwerfung für den, der sich dem Schlechten hingibt» (Röm 2,5-9). «Die Gerechten gehen zum ewigen Leben ein, die anderen zur ewigen Qual» (Mt 25,46). Für die einen wird das die «Freude des Herrn» sein, für die anderen «die Finsternis mit Heulen und Zähneknirschen» (Mt 25,23-30).

Jesus ist in die Welt gekommen, um das Licht, das Leben und den Frieden zu bringen; er hält die Dreschschwinge in der Hand (Mt 3,12), damit das Schlechte abfällt und das Gute bleibt und Frucht bringt, er gibt ein Erkennungszeichen (Joh 9,39), um Hilfe zu leisten auf dem Weg der Wahrheit, um die Welt zu retten, nicht um sie zu verdammen.

Dennoch hat ihm der Vater das Gericht übertragen und sein Gericht ist gerecht (Joh 5,27-30). Durch den Sohn übt der Vater das ganze Gericht aus (Joh 5,22). Man ist entweder für ihn oder gegen ihn (Mt 10,22). Wenn der Menschensohn in seiner Herrlichkeit kommen wird, werden alle Nationen vor ihm versammelt, und er wird die einen von den anderen scheiden, indem er offenlegt, was Recht oder Unrecht war in ihrem Leben, indem er offenlegt, wer für Gott gestimmt hat und wer sich ihm widersetzt hat (Mt 25,31-32). Jesus selbst wird über die Lebenden und über die Toten urteilen (2 Tim 4,1). Das Gericht, das Jesus vollzieht, besteht darin, den Fürsten dieser Welt aus den Herzen, aus dem Leben, aus der ganzen Schöpfung Gottes hinauszuwerfen, sie von seinem verkehrten Einfluss zu reinigen durch die Kraft des Heiligen Geistes (Joh 16,8-11). Dieses Läuterungsfeuer des göttlichen Gerichts fühlen die Seelen des Fegefeuers und es löscht alle Spuren aus, die der Böse in ihnen gezogen hat durch ihre Zustimmung zum Bösen, zu den Werken der Finsternis. Dieses Gericht empfinden sie als notwendig, um ihre ursprüngliche Reinheit wiederzufinden, und um Gott anschauen zu können und um ewig in seine Liebe eingetaucht zu werden. Diese Seelen sind schon gerettet, trotz der Läuterung, der sie sich unterziehen müssen, weil sie für Gott gestimmt haben, ihre Verirrungen bereut haben und mit ihrem ganzen Glauben auf seine Barmherzigkeit gehofft haben.

Ermahnung

Unser Leben wird beurteilt werden, Sekunde um Sekunde, und dieses göttliche Gericht wird uns bei unserem Tod enthüllt werden: Das göttliche Gericht wird uns offenbaren, was in unserem Leben mit Gott übereinstimmt und was nicht. Dann gehen wir von uns selbst aus zum Himmel, ins Fegefeuer oder zur Hölle. Außer diesem Einzelgericht werden wir bei der allgemeinen Auferstehung die sehen, die für Gott gewesen sind und die, die gegen Gott gewesen sind: das wird das allgemeine Gericht sein. Und wir werden auf Grund unseres Daseins daran beteiligt sein und werden ihm nicht entkommen können. Möge diese Tatsache uns dazu anregen, im Höchstmaß für Gott zu stimmen, gemäß seinem Licht, das unser Gewissen dauernd erleuchtet!

Beispiel

Pater Johannes Corneille, SJ, war den Seelen der Verstorbenen aufrichtig ergeben. Mehrere fromme Praktiken täglich riefen sie ihm wieder ins Gedächtnis, und er opferte für sie viermal in der Woche das heilige Messopfer auf.

Um ihm die Linderung kundzutun, die er ihnen verschaffte, erlaubte Gott mehreren dieser Seelen, ihm zu erscheinen, um ihn zur Hilfe anzustacheln oder ihm zu danken.

Die Erscheinung des Baron von Sturton ist den Gläubigen Englands gut im Gedächtnis geblieben und wurde eine wertvolle Lehre für sie. Dorothea Arundell wurde Zeuge davon und sie erzählt sie in einer kleinen Schrift folgendermaßen:

«Eines Tages bat meine Mutter Pater Corneille das heilige Opfer für ihren ersten Gatten, den Baron Johannes Sturton, aufzuopfern. Er stimmte zu und blieb lange am Altar im Gebet. Als die Messe zu Ende war, erzählte er, dass er eine Vision hatte: Vor ihm breitete sich ein ungeheurer Wald aus, der nichts war als Feuer und Flammen. Inmitten darin bewegte sich der Baron und stieß laute Schreie aus, weinte und klagte sein schlechtes Leben an, das er mehrere Jahre lang geführt hatte; vor allem klagte er sich an, einer der 47 gewesen zu sein, die die gottlose Elisabeth erwählt hatte, um die unschuldige Königin von Schottland, Maria Stuart, zum Tode zu verdammen. Nach diesen Geständnissen rief der Baron aus: "Erbarmen! Erbarmen für mich! Wenigstens ihr, die ihr meine

Freunde seid, denn die Hand des Herrn hat mich getroffen." Und er verschwand.»

«Pater Corneille war sehr bewegt bei der Erzählung dieser Schauung, und die ganze Familie des Barons, bestehend aus 24 Personen, weinte mit ihm. Der Messdiener sah, wie wir alle, die dem göttlichen Opfer beiwohnten, im gleichen Augenblick, in dem der Priester seine Schauung hatte, etwas wie den Widerschein von glühenden Kohlen an der Wand, an der der Altar stand.» Um den Grund für diese Qualen zu verstehen, nützt es sehr, daran zu denken, was Pater Wilhelm Westen, SJ, geschrieben hat, der beim Tode des Barons in London war: «Der Edelmann war einer von denen, die einen katholischen Priester in ihrem Haus verbargen um den Preis größter Gefahren, und als Protestanten lebten unter dem Vorbehalt, im Augenblick des Todes Ordnung in ihr Gewissen zu bringen. Er wurde aber von einem Unfall überrascht und hatte nicht mehr die Zeit zu beichten. Dennoch hat Gott in seiner Barmherzigkeit und um ihn dafür zu belohnen, dass er lange Zeit den Priester versteckt hatte, ihm die vollkommene Reue über seine Sünden eingegeben und ihm somit von der Hölle gerettet, aber er überließ ihn einem schmerzhaften Fegefeuer.»

Gebet

Herr, dein Gericht ist gerecht und dringt bis in unser innerstes Wesen ein, um offenzulegen, was in unserem Leben deinem Willen entspricht; wir bitten dich um Verzeihung für alle Treulosigkeiten gegenüber deinem Gebot, und wir bitten dich um Verzeihung für unsere verstorbenen Brüder, die nicht ganz in deiner Gnade sind, damit du uns immer mehr ins Licht führst, um bei allen Auserwählten im Himmel zu sein.

Herr, mögen die Seelen der verstorbenen Gläubigen durch deine Barmherzigkeit ruhen in Frieden.

27. Tag: Der Himmel

Für Jesus sind der Himmel und das Reich Gottes dasselbe. Der Himmel ist das Reich Gottes. Wenn er zu uns von Gott spricht, sagt er zu uns, dass «unser Vater, der im Himmel ist, der ins Verborgene sieht und im Verborgenen ist, dort gegenwärtig ist» (Mt 6, 1.4.6). Und er sagt näherhin, dass «das Reich Gottes mitten unter uns ist» (Luk 17,21), und dass wir «zuerst das Reich Gottes und seine Gerechtigkeit suchen» müssen (Mt 6,33), weil wir dafür geschaffen sind, dort hinzugehen, «das er uns bereitet hat seit Anbeginn der Welt» (Mt 25,34).

Der Himmel ist wie «ein Hochzeitsmahl, das ein König für seinen Sohn gibt» (Mt 22,2); das bedeutet, «mit dem Bräutigam im Hochzeitssaal» sein (Mt 25,10) das bedeutet, «in der Freude Gottes, unseres Herrn, sein» (Mt 25,21-23); das bedeutet, «ewiges Leben» (Mt 25,46); das bedeutet, «einen neuen Wein mit Jesus im Reich seines Vaters zu trinken» (Mt 26,29); das bedeutet, «Gott, der bei den Seinen bleibt, die er erfüllt mit seiner kostbaren Herrlichkeit wie einen Stein, mit seinem Licht, das er über seine Diener ausbreitet, die mit ihm herrschen von Ewigkeit zu Ewigkeit» (Offb 21,3.11; 22,5).

«Gott ruft uns in sein Reich und in seine Herrlichkeit» (1 Thess 2,12), er zieht uns an sich; das ist unsere gemeinsame Berufung. «Unsere Stadt ist im Himmel» (Phil 3,20), und nicht auf der Erde, die vergänglich ist. «Ich glaube, dass die Leiden der gegenwärtigen Zeit nichts sind im Vergleich zu der Herrlichkeit, die an uns offenbar werden wird.» (Röm 8,18). «...denn die leichte Betrübnis des Augenblicks bereitet uns bis zum Übermaß ein ewiges Maß an Ruhm, uns, die wir nicht auf das Sichtbare achten, sondern auf das Unsichtbare; die sichtbaren Dinge sind in Wahrheit nur zeitlich, die Unsichtbaren sind ewig» (2 Kor 4,17-18). «Gott möge die Augen eures Herzens erleuchten, damit ihr sieht, zu welcher Hoffnung ihr berufen seid, welche herrlichen Schätze sein Erbe für die Heiligen birgt» (Eph 1,18). In der Gegenwart sehen wir Gott nicht, aber wenn wir sterben und vor Gott erscheinen, «werden wir ihm ähnlich sein, denn wir werden ihn sehen wie er ist» (1 Joh 3,2). Wenn wir lieben, sind wir Kinder Gottes und das wird offenbar werden; wir werden uns sehen, mit der Herrlichkeit Gottes bekleidet, belebt von seiner Liebe, glänzend von seinem Licht, erfüllt von seiner Schönheit, von ihm strahlend, eingetaucht in seiner göttlichen Schönheit. Wir werden sein wie Jesus bei seiner Verklärung, sichtbar und fühlbar vom Glanz Gottes bekleidet, und wir vermitteln uns untereinander dieses göttliche Glück in einer wunderbaren Gemeinschaft der Liebe zwischen den Zellen des Leibes Christi, den wir zusammen bilden und der uns in vollem Licht enthüllt werden wird.

Der heilige Johannes beschreibt uns in seiner Apokalypse die Vision, die er vom Himmel hat: «Ein Thron stand im Himmel, und auf dem Thron saß einer wie Jaspis und Sardisstein; ein Regenbogen war um den Thron... die 24 Ältesten, in Weiß gekleidet und mit Gold gekrönt: Blitze,

Schall und Donner gingen vom Throne aus; die sieben Geister Gottes, die wie Feuer vor ihm brennen, und ein Meer von durchscheinendem Kristall; die vier Lebewesen, ganz voll Augen und mit Flügeln, riefen dauernd: «Heilig, heilig, heilig, Herr, Gott, Herrscher über alles», und die 24 Ältesten sagten: «Du, unser Gott bist würdig, Ehre, Ruhm und Macht zu empfangen, denn du hast das All erschaffen.» Eine Vielzahl von Engeln sagte: «Amen! Lob, Ruhm, Weisheit, Gunst, Ehre, Macht und Gewalt unserem Gott von Ewigkeit zu Ewigkeit! Amen!» Und eine unendliche Menge im Himmel rief: «Alleluja! Heil und Ruhm und Macht unserem Gott, denn der Herr, Gott, Herrscher über alles, hat sein Reich in Besitz genommen. Lasset uns freuen und fröhlich sein! Geben wir Gott die Ehre, denn jetzt ist die Hochzeit des Lammes, und seine Braut hat sich schön gemacht.» Ich sah die heilige Stadt Jerusalem, der Ruhm Gottes war in ihr, schön wie eine junge Frau, die sich für ihren Bräutigam geschmückt hat; ein Fluss des Lebens, klar wie Kristall, ging vom Throne Gottes und des Lammes und der Bäume des Lebens aus und seine Knechte werden ihm dienen und sein Angesicht sehen, und sein Name wird an ihren Stirnen sein.»

Ermahnung

Ja, glücklich die, die zum Hochzeitsmahl des Lammes geladen sind! Glücklich und selig der, der an der ersten Auferstehung Anteil hat! Glücklich die, die ihre Gewän-

der waschen (die ihre Seele reinigen), sie werden über den Baum des Lebens verfügen (über das Leben Jesu) und in die Stadt gelangen (mitten in den Himmel) (Offb 19,9; 20,6; 22,14). *«Wo unser Schatz ist, da ist unser Herz»* (Mt 6,21). *Ist unser wahrer Schatz der Himmel?*

Beispiel

Die ehrwürdige Schwester Paula von der heiligen Therese des Klosters St. Katharina in Neapel war sehr um das Los der Seelen im Fegefeuer besorgt und sie wurde dafür mit wunderbaren Visionen belohnt.

Als sie eines Tages für diese Seelen beteten, wurde sie im Geist ins Fegefeuer geführt und sie sah eine Menge, die in verzehrendes Feuer getaucht war. Ganz nahe dabei war der Heiland, begleitet von Engeln, die einige von ihnen in den Himmel zogen, wohin sie sogleich mit großer Freude aufstiegen.

Bei diesem Anblick wandte sich die Schwester an den Herrn und sagte zu ihm:

– O Jesus, warum macht ihr diese Auswahl unter der großen Menge?

– Ich habe die befreit, die während ihres Lebens große Taten der Nächstenliebe und der Barmherzigkeit verübt haben, denn ich habe gesagt, dass die Barmherzigen Erbarmen finden werden.

Die Schwester hatte die Gewohnheit, am Samstag, dem Tag, der der heiligen Jungfrau geweiht ist, diese gute Mutter für die Verstorbenen zu bitten, die so würdig sind unseres Mitleids. An einem Samstag fiel sie wieder in ekstatische Verzückung und wurde ins Fegefeuer versetzt. Aber wie erstaunt war sie, es verwandelt wie in einem Paradies von Wonnen vorzufinden, mit einem großen Licht statt der gewöhnlichen Finsternis. Als sie sich nach dem Grund für diesen Wandel fragte, bemerkte sie die Jungfrau Maria, umgeben von einer Vielzahl von Engeln, denen sie gebot, die Seelen in den Himmel zu führen, die ihr ergeben waren. Dieser Anblick verursachte ihr eine sehr große Freude, die gänzlich gemischt war mit Mitleid für die, die nicht erwählt waren und weiterhin litten, jede litt das, was sie verdient hatte für ihre Sünden, damit sie davon geläutert würden.

Wer durch den Stolz gesündigt hat und durch das Streben nach Ehre, wird bestraft durch Demütigung und Schande. Wer seine unreinen Leidenschaften befriedigt hat, sah sich von einem schrecklichen Feuer verzehrt.

Schwester Paula sah oft die Engel ins Fegefeuer hinabsteigen und dort die Seelen trösten. Außerdem hörte sie, wie sie den Herrn für sie anflehten. Im Kloster St. Katharina war es eine fromme Gewohnheit, vor dem Zubettgehen die Totenvesper zu beten. Die Schwestern wollten so den armen Seelen Ruhe verschaffen, bevor sie sich zur Ruhe legten.

Eines Abends, als dringende Beschäftigungen das Beten dieser Vesper verhindert hatten, schickte der Herr eine Schar von Engeln in die Kapelle, damit sie sie anstatt der Schwestern beteten. Schwester Paula, die im Gebet in ihrem Zimmer war, hörte diesen wunderbaren Gesang; sie war erstaunt, öffnete die Türe und nahm die

Engelschar wahr, in der gleichen Zahl wie die Ordens-
frauen.

Durch dieses Wunder verstand Schwester Paula noch
mehr den Wert der Verehrung der Seelen im Fegefeuer
und verdoppelte ihren Eifer in ihrer Praxis.

Gebet

*Herr, ewiger und allmächtiger Gott, «deine Engel freuen
sich im Himmel über einen Sünder, der auf Erden Buße
tut», deine Heiligen singen deinen Ruhm, dein Lob, und
rufen das Kommen deines Reiches im Himmel wie auf
Erden herbei; «halte unseren Blick auf die höheren Dinge
gerichtet, dorthin, wo Christus, dein Sohn, zu deiner Rechten sitzt in seiner Macht. Gib, dass wir oft über das Glück
nachdenken, für das du uns gemacht hast» und das alles
übersteigt, was wir uns vorstellen können. Gib uns immer
mehr das Verlangen nach dem Himmel, unserem Vaterland, wo wir in Ewigkeit in einem Glück ohne Ende sein
werden. Möge die Erhebung unserer Seele alle nach sich
ziehen, denen wir auf dieser Welt verbunden waren, die sie
verlassen haben, und auch alle jene mit sich ziehen zu dir,
die mit uns sind.*

*Herr, mögen die Seelen der verstorbenen Gläubigen durch
deine Barmherzigkeit ruhen in Frieden.*

28. Tag: Die Bekehrung

Entweder man lebt für die Erde ohne ein anderes Ziel als diese Erde und was sich auf ihr befindet, oder man lebt für den Himmel, ohne sich an diese Erde zu binden und an ihre Güter, die wir einmal verlassen müssen. Jeder kann wählen. Deshalb rief Jesus von Anbeginn seines Dienstes an aus: «Bereut, denn das Himmelreich ist ganz nahe» (Mt 4,17).

Bereuen, Buße tun, sich bekehren, heißt eine andere Geisteshaltung einnehmen: anstatt für die irdischen Güter zu leben, für eine Situation, für das Geld, wendet man seinen Geist, sein Herz, seine hauptsächliche Sorge dem Himmel zu, der unsichtbaren Welt Gottes, für die wir erschaffen sind. Das Wahrnehmen des Daseins dieser anderen Welt, zu der wir unfehlbar auf dem Weg sind, ruft mit unserem guten Willen und der Gnade Gottes unsere Bekehrung hervor. Wir wenden uns ab von einem Leben ohne Gott, um für Gott und unsere Bestimmung in seinem Reich zu wirken. Aber wir sind so geneigt, über alles hinwegzugehen, dass wir dauernd bereuen «und zu Gott zurückkehren müssen, indem wir Werke tun, die unserer Umkehr würdig sind» (Apg 26,20).

Ohne Gott zu leben und andere Götter an seinen Platz zu stellen, das ist die Sünde, die uns verdunkelt. Jesus, der Gesandte des Vaters, ist das einzige wahre Licht der Welt, das uns den Weg zeigt, dem wir folgen müssen, um das ewige Leben zu haben: Er ist der Weg, die Wahrheit und das Leben (Joh 14,6) und niemand kommt zum Vater außer durch ihn.

Welches sind die Zeichen, die eine wahre Bekehrung bekunden? Jesus fordert, dass wir den Vater im Verborgenen bitten müssen, und nicht, um gesehen zu werden, vollkommen zu sein wie er, zu fasten und Almosen zu geben ohne Beachtung zu fordern, uns mit unserem Bruder zu versöhnen, ihnen zu verzeihen, unsere Feinde zu lieben, dem zu geben, der bittet, Gott zu dienen und nicht dem Geld, zuerst das Reich Gottes zu suchen, ohne sich allzusehr um die Nahrung und Kleidung zu besorgen, nicht zu urteilen, den anderen alles zu tun, was man will, dass die anderen für uns tun (Mt 5,7). Jesus verlangt sogar von uns, sie mehr als unsere Nächsten zu lieben, Diener unserer Brüder zu sein, umsonst zu geben, dem Kaiser zu geben, was des Kaisers ist und Gott, was Gottes ist, uns zu Jesus zu bekennen, gläubig zu beten in der Gewissheit, schon erhört zu sein.

Er sagt uns, zu wachen und uns für seine Wiederkunft bereit zu halten, zu beten, um nicht in Versuchung zu fallen, den tiefen und lebenswichtigen Bedürfnissen unserer Brüder nachzukommen, die Gebote Gottes auszuführen, Gott zu lieben mit all unserem Sein und unseren Nächsten wie uns selbst, barmherzig zu sein, das Wort Gottes in die Tat umzusetzen, uns reich zu machen vor Gott, unablässig zu beten, Gott im Geist und in der Wahrheit anzubeten, die Ehre Gottes zu suchen und nicht unsere eigene, sein Fleisch zu essen und sein Blut zu trinken, an ihn zu glauben und ihm zu folgen, in seinem Namen zu bitten, seine Gebote zu halten und uns gegenseitig zu lieben. Das alles sind bedeutsame Punkte, die unsere Bekehrung bezeugen und die uns die Läuterungen des Jenseits ersparen werden. Denn, weil sie sich nicht genug bekehrt haben, müssen die Seelen durch das Fegefeuer gehen, um in den Himmel zu kommen.

Ermahnung

Uns steht es zu, unser Leben im Lichte Christi im Heiligen Geist nach dem Willen Gottes auszurichten. Wir wollen jeden Tag die Ratschläge Jesu beachten, um wahr in den Augen Gottes zu sein. Unsere Umkehr muss beständig sein bis zu unserem Tod, wo wir eine letzte Wahl treffen. Freuen wir uns, dass das Licht Gottes durch Jesus und seine Kirche unser Verhalten erleuchtet, die Kirche, die ihn uns enthüllt und Anteil gibt an seinem Leben. Die Wirklichkeit des Fegefeuers ist eine Einladung zur Bekehrung. Seien wir darauf bedacht, alle diese Gnade anzuwenden, um Gott von ganzem Herzen zu gehören.

Beispiel

Eines Tages, als der ehrwürdige Stanislaus Kostka, ein polnischer Dominikaner (1590), im Geiste spazierenging, hörte er ganz in der Nähe Seufzer und Klagen, wie wenn jemanden ein schlimmer Unfall zugestoßen sei: Er wendet sich nach allen Seiten um, und als er nichts entdeckt, sagt er laut:

– Wer jammert so sehr und kann ich irgendwie helfen?
Keine Antwort, aber wieder Klagen, wieder Seufzer.
Stanislaus vermutet eine List des Dämons, um ihn vom Gebet abzubringen. Er macht das Kreuzzeichen und sagt:

– Ich befehle dir im Namen Christi, mir zu sagen, wer du bist und was du willst.

Da vernimmt er diese Worte:

– Ich bin eine Seele des Fegefeuers und von der Gerechtigkeit Gottes verurteilt, hier Buße zu tun, und ich leide auf schreckliche Art. Ich kann dir nicht sagen, was den Sünder nach dem Tode erwartet. Wenn die Christen es nur teilweise wüssten, würden sie einen Schrecken vor den weltlichen Vergnügungen haben, die sie umgeben, die sie verführen und erbärmlich täuschen. Denn man muss das kleinste Übertreten im anderen Leben teuer bezahlen.

Gebet

Herr, du willst, dass keines deiner Kinder verlorengeht, sondern dass alle zur Erkenntnis des Heils gelangen, gib uns die Kraft, uns abzuwenden von unseren schlimmen Neigungen, um zu leben, wie es dir gefällt.
Mögen wir, wenn wir an unsere verstorbenen Brüder denken, und an die nach diesem Leben notwendige Reinigung, für sie beten und aus dem Beispiel ihres Lebens Nutzen

ziehen, um uns mit großmütigem und demütigem Herzen
zu dir auf den Weg zu machen, ohne uns bei den Gütern
dieser Welt, die vergeht, aufzuhalten.
Herr, mögen die Seelen der verstorbenen Gläubigen durch
deine Barmherzigkeit ruhen in Frieden.

29. Tag: Die Barmherzigkeit

Moses bestätigt: «Dein Gott ist ein barmherziger Gott, der dich nicht verlassen wird, und dich nicht vernichten wird, und den Bund nicht vergessen wird, den er unter Eid mit deinen Vätern geschlossen hat» (Dtn 4,31). Im Wort «Barmherzigkeit» sind im Lateinischen "misericordia" zwei Wörter enthalten: Elend (miseria) und Herz (cor). Barmherzigkeit bedeutet, das Herz dem Elend zugewandt und angerührt durch das Elend. Ja, Gott, unser Schöpfer, ist angerührt durch unser Elend, weil er unser Vater ist und nicht ertragen kann, seine Kinder im Elend zu sehen, ohne ihnen zu Hilfe zu kommen. Deshalb «hat der Herr Mitleid mit jedem Fleisch» (Sir 18,13).

Jesus bekundet die Barmherzigkeit Gottes jedem Menschen, der in Not ist: Er heilt die Kranken, befreit die Seelen, die vom Teufel gefangen sind, schenkt denen ein neues Herz, deren Herz unfähig ist zu lieben, er vergibt denen, die den Wegen Gottes fern sind...

«In seinem großen Erbarmen sind wir wiedergeboren» (1 Petr 1,3). Er enthüllt, wie sehr die barmherzige Liebe des Vaters die verlorenen Kinder sucht wie verlorene Schafe (Lk 15,7-10). «Gott ist reich an Barmherzigkeit» (Eph 2,4). «Ich erweise denen Barmherzigkeit, die mich lieben», sagt er (Ex 20,6). Und die Jungfrau Maria hat das wohl verstanden, da sie ausruft: «Seine Barmherzigkeit währt von Geschlecht zu Geschlecht über alle, die ihn fürchten» (Lk 1,50).

Diese Barmherzigkeit Gottes fühlen die Seelen im Fegefeuer und sie reinigt sie durch die Reue und die Qual,
die sie empfinden, Gott beleidigt zu haben und seinen
Nächsten verachtet zu haben.

Ebenso fordert Jesus von uns: «Seid barmherzig, wie der
himmlische Vater barmherzig ist» (Lk 6,36). Und er wiederholt das Wort Gottes, das unsere Beziehungen untereinander betrifft: «Barmherzigkeit will ich, nicht Opfer»
(Mt 12,7).

In Hinsicht auf unsere Brüder im Elend lädt er uns ein, wie
der gute Samariter zu sein (Lk 10,30-37). «Selig die Barmherzigen, denn sie werden Barmherzigkeit erlangen» (Mt 5,7).

Der heilige Franz von Sales lehrte, dass die Werke der
Barmherzigkeit, für die der Herr eine Belohnung versprochen hat, auch die Seelen im Fegefeuer betreffen: «Heißt
es nicht, irgendwie einen Kranken besuchen, wenn wir
durch unsere Gebete Erleichterung für die Armen Seelen,
die im Fegefeuer sind, erreichen? Heißt es nicht, zu trinken zu geben, denen, die einen so großen Durst nach der
Anschauung Gottes haben und in diesen schrecklichen
Flammen sind, ihnen Anteil zu geben am Tau unserer
Gebete? Heißt es nicht, die Hungernden zu nähren, wenn
man durch die Mittel, die uns der Glaube eingibt, ihnen
zur Befreiung verhilft? Heißt das nicht wirklich, die Gefangenen zu befreien? Heißt das nicht, die Nackten zu
bekleiden, wenn man ihnen zu einem Gewand von Licht
und Herrlichkeit verhilft? Ist es nicht eine bedeutende
Gastfreundschaft, wenn man ihnen zum Eintritt in das
himmlische Jerusalem verhilft, wo sie Mitbewohner der
Heiligen und Freunde Gottes im ewigen Zion sind?»

Ermahnung

Die Barmherzigkeit Gottes ist eine Offenbarung seiner Liebe, und da wir nach seinem Bild und Gleichnis erschaffen sind, muss unsere Liebe, wenn sie aufrichtig ist, auch Mitleid an den Tag legen gegen unseren Nächsten auf Erden wie im Jenseits. Die Barmherzigkeit bringt die Verzeihung der Beleidigungen. Solange das Verzeihen nicht zugestanden wird, bleibt die Person, die daraus Nutzen ziehen soll, in der Qual. Wir erfahren selbst die Wohltat der Barmherzigkeit, wenn wir uns in einer Notlage befinden, durch unser Verschulden oder nicht, und wir daraus befreit werden.

Beispiel

In Bologna, Italien, hatte eine vornehme Witwe einen einzigen Sohn, den sie zärtlich liebte. Dieses Kind hatte die Gewohnheit, auf dem öffentlichen Platz mit den Gleichaltrigen zu spielen.

Eines Tages störte ein Fremder, der dort vorbeiging, seine Spiele mit einem offensichtlichen bösen Ansinnen. Das Kind rief ihn an, ruhig zu bleiben. Der Unbekannte zog seinen Dolch und stach ihn ihm in die Brust.

Da wird er von Furcht ergriffen und läuft, den blutenden Dolch in der Hand, davon und stürzt in ein Haus, um sich darin zu verstecken.

Es war das Haus des ermordeten Kindes. Er steigt schnell die Treppe hinauf und kommt bei der Wohnung der vornehmen Witwe, die er nicht kannte, an.

Beim Anblick dieses Menschen, seines blutbedeckten Dolches, ist sie bestürzt. Als sie den Fremden im Namen Gottes um Unterschlupf bitten hört, gegen die, die ihn verfolgen, schließt sie ihn in ein Versteck ein und verspricht, ihn nicht auszuliefern.

Die Diener der Justiz, die ihn in dieses Haus eintreten sahen, kommen bald herbei und suchen ihn überall, ohne ihn zu finden. Als sie sich zum Gehen anschicken, fragen sie die Dame, ob sie wüsste, dass es ihr Sohn sei, der durch den Mörder getötet wurde. Bei diesen Worten fällt die Mutter in Ohnmacht. Als sie wieder zu sich kommt, glaubt man einen Augenblick, dass sie unmöglich gerettet werden kann, so sehr hat dieser Schlag sie mitgenommen. Aber bald kommt wieder eine große Energie über sie und im Vertrauen auf die Vorsehung verzeiht sie dem Mörder ihres Sohnes. Mehr noch, sie entschließt sich, Böses mit Gutem zu vergelten und gegen den Mörder ihres Sohnes so zu handeln, wie sie gegen ihren Sohn gehandelt hätte.

Ohne zu zögern, sucht sie ihn in seinem Versteckt gibt ihm eine Börse und ein Pferd, das sie satteln ließ und treibt ihn an, sich den Nachforschungen der Polizei durch die Flucht zu entziehen. Dann zieht sich diese arme Mutter, ganz ihrem Schmerz überlassen, vor ein Bild des Herrn in ihr Zimmer zurück und betet dort für ihr liebes, verstorbenes Kind. Augenblicklich zeigt sich dieses vor ihr, strahlend wie eine Sonne, mit glücklichem Gesicht und sagt zu ihr:

– Weine nicht, liebe Mutter, du musst mich nicht bedauern, sondern vielmehr mich um mein Los beneiden. Die christliche Großmut, von der du gegen meinen Mörder ein Zeugnis gegeben hast, hat mich sofort aus dem Fegefeuer gezogen. Die göttliche Gerechtigkeit hatte mich zu langen Jahren voll Leiden wegen meiner Fehler verurteilt, aber dein Verzeihen hat in einem Augenblick meine Sühne beendet, und ich bin für alle Ewigkeit beim Herrn. Dann verschwand es und ließ seine Mutter, trotz des Trennungsschmerzes glücklich über eine so tröstende Botschaft zurück.

Gebet

Herr, du willst, dass wir barmherzig sind wie du, damit wir deine Barmherzigkeit erlangen, gib uns ein Herz, das selbst zur Feindesliebe noch fähig ist. Mögen unsere Erweise von Barmherzigkeit Verzeihung und Liebe auf die Seelen des Fegefeuers ausstrahlen, die ihren Mangel an Liebe und Großmut sühnen.
Herr, mögen die Seelen der verstorbenen Gläubigen durch deine Barmherzigkeit ruhen in Frieden.

30. Tag: Die Nächstenliebe

Alles, was wir denken, alles, was wir sagen, alles, was wir tun, strahlt auf die ganze Schöpfung aus, wie die Wellen eines Steines, den man ins Wasser wirft. Eine um so größere Auswirkung haben unsere Gedanken, Worte und Werke als sie rein und heilig sind. Ebenso sieht man die Auswirkung der Worte Jesu in der Welt und durch die Jahrhunderte.

Alles, was wir denken, sagen und tun, dringt in die Ewigkeit ein. Wie sehr tut es not, rein und heilig zu sein! «Ihr sollt vollkommen sein, wie euer himmlischer Vater vollkommen ist» (Mt 5,47). «Nehmt einander an, wie Christus es an euch getan hat» (Röm 15,7); so öffnen wir Gott die Türe in unserem eigenen Herzen und im Herzen unserer Brüder. Wir sollen es so machen, dass die Liebe Gottes sich durch unsere rechten und heiligen Gedanken, Worte und Werke ausbreitet. Der heilige Paulus empfiehlt uns: «Eure Nächstenliebe sei ungeheuchelt, fest gegründet auf das Gute; möge die brüderliche Liebe euch recht herzlich miteinander verbinden... Bleibt niemand etwas schuldig, aber zu gegenseitiger Liebe seid ihr stets verpflichtet; denn wer den anderen liebt, tut, was das Gesetz verlangt... Die Nächstenliebe ist das Gesetz in Vollendung» (Röm 12,9; 13, 8.10). Der heilige Petrus sagt uns seinerseits: «Vor allem pflegt unter euch eine große Nächstenliebe, denn die Liebe deckt viele Sünden zu» (1 Petr 4,8). Und der heilige

Paulus beharrt darauf: «Wenn ich nicht die Liebe habe, bin ich nichts. Die Liebe ist langmütig, die Liebe ist demütig; sie freut sich an der Wahrheit; sie verzeiht alles, glaubt alles, hofft alles, duldet alles. Die Liebe hört niemals auf» (1 Kor 13, 2,4,6-8). «Suchet die Liebe» (1 Kor 14,1).

Lieben, das ist die Grundhaltung, die wir in allem haben sollen, was wir denken, sagen und tun. «Dies ist mein Gebot: Liebet einander, wie ich euch geliebt habe» (Joh 15,12). Und der heilige Johannes wiederholt: «Lieben wir einander, denn die Liebe ist von Gott, und wer liebt, ist aus Gott geboren und kennt Gott» (1 Joh 4,7). Und er fährt fort: «Lieben wir in der Tat und in der Wahrheit: Wir müssen einander lieben; wer Gott liebt, liebt auch seinen Bruder; lieben wir, denn er hat uns zuerst geliebt; bleibet in der Liebe» (1 Joh 3, 11,18; 4, 11.19.21; 2 Joh 6).

Die Liebe ist die wesentlichste Eigenschaft Gottes; sie ist der gewöhnliche Saft unserer Gedanken, Worte und Werke, die uns Gott ähnlich sein lässt. Wenn wir geliebt werden, fühlen wir das Wohlbehagen, das uns die Liebe bereitet, wie sehr die empfangene und geschenkte Liebe Freude ausstrahlt. Durch die Liebe sind wir in Berührung mit jedem Wesen, das wir lieben, auf Erden, im Himmel und im Fegefeuer und tragen zu seiner Freude bei.

Ermahnung

Wie wichtig ist es zu lieben! Wie wichtig ist es, die Liebe zu empfangen, die Gott in unsere Herzen ausgießt durch den Heiligen Geist, damit wir lieben wie er! Wie wichtig ist

es, die Art und Weise zu kennen, wie Gott uns liebt, damit
wir Jesus betrachten, den lebendigen Ausdruck seiner
Liebe. Wir müssen umsonst lieben zum Wohle derer, die
man liebt. Die Liebe lindert das Leiden hienieden wie im
Fegefeuer. Die Liebe ist göttlich; sie kommt von Gott und
kehrt zu Gott zurück. Lieben wir, ohne zu erlahmen bis
zum Ende nach dem Beispiel Jesu (Joh 13,1).

Beispiel

In Dole, Frankreich, im Jahre 1629, war Huguette Boy ans
Bett gefesselt durch eine Schwellung der Brust, die um
ihr Leben fürchten ließ. Der Arzt glaubte, sie zur Ader
lassen müssen, und bei dieser Operation hatte er das
Missgeschick, ihr die Arterie des rechten Armes durch-
zuschneiden, was sie schnell zum Äußersten brachte.
 Am nächsten Morgen bei Tagesanbruch sah Huguette
ein junges Mädchen in Weiß gekleidet in ihr Zimmer treten, die sie fragte, ob sie damit einverstanden wäre, dass
sie sie versorge. Die Kranke, die niemanden hatte, der
ihr half, antwortet freudig, dass ihr nichts angenehmer
wäre. Sogleich zündet die Fremde ein Feuer an, rückt die
vor Kälte zitternde Kranke in seine Nähe, umsorgt sie
und wacht über sie.
O Wunder, sobald dieses junge Mädchen ihren Arm
berührt, heilt die klaffende Wunde augenblicklich.
Huguette sieht die Unbekannte mit großer Überra-
schung an, aber diese entzieht sich und sagt, dass sie
bald zurückkommen würde.

Das Gerücht von dieser wunderbaren Heilung sprach sich schnell herum in Dole, und jeder war erstaunt und neugierig zu wissen, wie das vor sich gegangen wäre.

Als es Abend geworden war, ist die Unbekannte wieder da. Nachdem sie ihren Schützling begrüßt hatte, sagte sie ohne Umschweife zu ihr:

– Wisst, meine liebe Nichte, ich bin eure Tante Leonarda Collin, seit siebzehn Jahren tot und habe euch zur Erbin meiner Habseligkeiten gemacht. Gott sei Dank bin ich auf dem Weg des Heils. Maria, meine himmlische Mutter, für die ich zeit meines Lebens eine kindliche Ehrfurcht hatte, hat mir das Heil erlangt, eine Gunst, im Vergleich zu der alles andere nichts ist. Denn ich wurde durch einen plötzlichen Tod überrascht, unvorhergesehen, und hatte eine schwere Sünde auf dem Gewissen. Ich sollte zur Hölle verdammt werden, wenn die barmherzigste Jungfrau Maria mir nicht die vollkommene Reue über meine Sünden erlangt hätte, die den höllischen Abgrund unter meinen Schritten schloss, aber ohne mich vom Fegefeuer auszunehmen, in dem ich seit siebzehn Jahren bin. Der Herr erlaubt mir gnädig, euch vierzig Tage zu dienen. Sobald ihr geheilt seid, erweist mir das Liebeswerk, drei Wallfahrten zu Marienheiligtümern zu machen, die ich euch nennen werde; beim letzten werde ich zum Paradies zugelassen werden.

Die Nichte nahm glücklich und erstaunt die Dienste an, die ihr während der vierzig Tage erwiesen wurden. Die Verstorbene kam zu gewissen Stunden und verschwand dann. Sie sprach nur mit ihrer Nichte und wurde nur von ihr gesehen.

Huguette machte die erbetenen Wallfahrten, und bei der letzten hörten die Erscheinungen auf, nachdem die Verstorbene ihrer Nichte die Versicherung gegeben hatte, dass die Stunde ihres Triumphes geschlagen hat. Sie funkelte wie ein Stern, und ihr Angesicht strahlte vollkommenstes Glück aus.

Gebet

Herr, Gott, Herd der Liebe, du lässt alles durch die Liebe leben und hast uns erschaffen, damit wir lieben wie du. Du willst, dass wir dich mehr als alles lieben und unseren Nächsten wie uns selbst; bewahre uns immer in der Gnade und Kraft, bis zum Himmel zu lieben, ohne zu erlahmen und irgend jemanden auszuschließen.
Herr, mögen die Seelen der verstorbenen Gläubigen durch deine Barmherzigkeit ruhen in Frieden.
Herr, erhöre mein Gebet und lass mein Rufen zu dir kommen. O Gott, Schöpfer und Erlöser aller Gläubigen, gewähre den Seelen deiner verstorbenen Diener und Dienerinnen die Verzeihung aller ihrer Sünden, damit sie durch unser demütiges Gebet Barmherzigkeit erlangen, die sie immer gesucht haben, der du lebst und herrschest mit dem Sohne und dem Heiligen Geist von Ewigkeit zu Ewigkeit. Amen.

Litaneien für die verstorbenen Gläubigen

Herr, erbarme dich unser

Christus, erbarme dich unser

Jesus Christus, höre uns

Jesus Christus, erhöre uns

Gott, himmlischer Vater, erbarme dich der verstorbenen Gläubigen

Gott Sohn, Erlöser der Welt, erbarme dich der verstorbenen Gläubigen

Gott Heiliger Geist, erbarme dich der verstorbenen Gläubigen

Heilige Dreifaltigkeit, einiger Gott, erbarme dich der verstorbenen Gläubigen

Heilige Maria, Mutter Gottes, bitte für die verstorbenen Gläubigen

Heiliger Erzengel Michael, bitte für sie

Mein heiliger Engel und Schutzengel der verstorbenen Gläubigen, bittet für sie

Chor der seligen Geister, bitte für sie

Heiliger Josef, bittet für sie

Heiliger Johannes der Täufer, bittet für sie

Ihr heiligen Patriarchen und Propheten, bittet für sie

Heiliger Petrus und Paulus, bittet für sie

Heiliger Stephanus, bitte für sie

Heiliger Laurentius, bitte für sie

Ihr heiligen Märtyrer, bittet für sie

Heiliger Gregor, bitte für sie

Heiliger Augustinus, bitte für sie

Ihr heiligen Kirchenlehrer, Päpste und Bekenner, bittet für sie

Heilige Anna, bitte für sie

Heilige Maria Magdalena, bitte für sie

Heilige Katharina, bitte für sie

Heilige Ursula mit ihren Gefährten, bittet für sie

Ihr heiligen Jungfrauen und Witwen, bittet für sie

Alle Heiligen Gottes, bittet für sie

Sei ihnen gnädig, verzeih ihnen, o Herr

Sei ihnen gnädig, erhöre uns, o Herr

Durch deinen heiligen Namen Jesus, erbarme dich der verstorbenen Gläubigen

Durch deine große Barmherzigkeit, erbarme dich der verstorbenen Gläubigen

Durch dein bitteres Leiden, erbarme dich der verstorbenen Gläubigen

Durch deine heiligen Wunden, erbarme dich der verstorbenen Gläubigen

Durch deinen schändlichen Tod, erbarme dich der verstorbenen Gläubigen

Wir armen Sünder, wir bitten dich, erhöre uns, o Herr

Sei allen verstorbenen Gläubigen barmherzig, erhöre uns, o Herr

Lindere die Qualen, die ihre Sünden verdienen, erhöre uns, o Herr

Mildere für sie die Strenge deiner Gerechtigkeit, erhöre uns, o Herr

Führe sie gnädig an den Ort des Friedens und der ewigen Ruhe, erhöre uns, o Herr

Gib ihnen gnädig teil am Erbe des Vaters, erhöre uns, o Herr

Führe sie gnädig zur Anschauung deiner göttlichen Schönheit, erhöre uns, o Herr

Sättige sie gnädig an der Fülle deiner unendlichen Güte, erhöre uns, o Herr

Erfülle gnädig ihr Verlangen nach dem Heil, erhöre uns, o Herr

Mögen das heilige Messopfer und die für sie aufgeopferten Kommunionen ihnen helfen, erhöre uns, o Herr

Gib gnädig besonders den Seelen unserer Angehörigen, Freunde und Wohltäter die ewige Ruhe, erhöre uns, o Herr

Sei den Seelen derer, für die niemand betet, barmherzig, erhöre uns, o Herr

Herr, entziehe sie gnädig den Flammen und geleite sie gnädig durch die Engel in das Land der Lebenden, erhöre uns, o Herr

Lamm Gottes, du nimmst hinweg die Sünden der Welt, verzeih ihnen, o guter Jesus

Lamm Gottes, du nimmst hinweg die Sünden der Welt, gib diesen armen Verstorbenen die ewige Ruhe

Das «Vaterunser»
der heiligen Mechthild
Für die Seelen im Fegefeuer

Gebet, das der heiligen Mechthild von unserem Herrn gelehrt wurde anlässlich einer Erscheinung zur Erleichterung der Seelen im Fegefeuer. Jedesmal, bei dem die heilige Mechthild dieses Gebet betete, sah sie Legionen von Seelen des Fegefeuers in den Himmel aufsteigen.

Vater unser im Himmel... Ich bitte dich, himmlischer Vater, vergib den Seelen im Fegefeuer, denn sie haben dich nicht geliebt und dir nicht alle gebührende Ehre erwiesen, ihrem Herrn und Vater, die du sie aus reiner Gnade als Kinder angenommen hast, sondern haben dich wegen ihrer Sünden aus ihrem Herzen gejagt, wo du doch wohnen wolltest.
Als Wiedergutmachung für diese Fehler opfere ich dir die Liebe und Verehrung auf, die dein fleischgewordener Sohn dir sein ganzes Leben erwiesen hat, und ich opfere dir auf alle Werke der Buße und Genugtuung, die er vollbracht hat und durch die er die Sünden der Menschen ausgelöscht und gesühnt hat. Amen.

Dein Name werde geheiligt... Ich flehe dich an, guter Vater, vergib den Seelen im Fegefeuer, denn sie haben nicht immer würdig deinen heiligen Namen geehrt, sondern haben ihn oft umsonst ausgesprochen, und sie haben sich des Namens Christ durch ihr sündiges Leben als unwürdig erwiesen.

Als Wiedergutmachung dieser Fehler, die sie begangen haben, opfere ich dir die ganze Ehre auf, die dein vielgeliebter Sohn deinem Namen erwiesen hat, sein ganzes irdisches Leben lang durch seine Worte und Taten. Amen.

Dein Reich komme... Ich bitte dich, guter Vater, vergib den Seelen im Fegefeuer, denn sie haben nicht immer dein Reich gesucht und es ersehnt mit genug Innigkeit und Fleiß; dieses Reich, das der einzige Ort ist, wo die wahre Ruhe und der ewige Friede herrschen.

Als Wiedergutmachung für ihre Gleichgültigkeit, das Gute zu tun, opfere ich dir den heiligsten Wunsch deines göttlichen Sohnes auf, mit dem er brennend wünscht, dass auch sie Erben seines Reiches werden. Amen.

Dein Wille geschehe wie im Himmel so auf Erden...

Ich bitte dich, guter Vater, vergib den Seelen im Fegefeuer, denn sie haben nicht immer ihren Willen dem deinen unterworfen, sie haben nicht danach getrachtet, in Jedem deinen Willen zu tun, und haben oft nur nach ihrem Willen gelebt und gehandelt.

Als Wiedergutmachung für ihren Ungehorsam opfere ich dir die völlige Einheit des Herzens deines Sohnes voller Liebe mit deinem heiligen Willen auf und tiefste Unterwerfung, die er dir bezeugt hat, indem er dir gehorchte bis zu seinem Tode am Kreuz. Amen.

Unser tägliches Brot gib uns heute... Ich bitte dich, guter Vater, vergib den Seelen im Fegefeuer, denn sie haben nicht immer das Sakrament der Eucharistie mit genügend Verlangen empfangen, sondern haben es oft empfangen ohne Andacht und Liebe, oder selbst unwürdig, oder haben sogar noch versäumt, es zu empfangen.

Als Wiedergutmachung dieser ganzen Fehler, opfere ich dir die unendliche Heiligkeit und große Andacht unseres Herrn Jesus Christus, deines göttlichen Sohnes auf, sowie die brennende Liebe, mit der er uns diese unvergleichliche Gabe gegeben hat. Amen.

Vergib uns unsere Schuld, wie auch wir vergeben, unseren Schuldigern... Ich bitte dich, guter Vater, vergib den Seelen im Fegefeuer alle ihre Verfehlungen, derer sie sich schuldig gemacht haben, indem sie in die sieben Hauptsünden verfallen sind, und auch dadurch, dass sie ihre Feinde nicht lieben wollten, und ihnen nicht verzeihen wollten.

Als Wiedergutmachung all dieser Sünden opfere ich dir das Gebet auf, das dein göttlicher Sohn für seine Feinde dargebracht hat, als er am Kreuze war. Amen.

Und führe uns nicht in Versuchung... Ich bitte dich, guter Vater, vergib den Seelen im Fegefeuer, denn sie haben zu oft der Versuchung nicht standgehalten und dem Leiden, sondern sind dem Feind alles Guten gefolgt und haben sich den Begierden des Fleisches hingegeben.

Als Wiedergutmachung all dieser Sünden unter den verschiedensten Gestalten, derer sie sich schuldig machten, opfere ich dir den herrlichen Sieg auf, den unser Herr über die Welt errungen hat, ebenso wie sein heiligstes Leben, seine Mühen und Qualen, sein grausames Leiden und Sterben. Amen.

Sondern erlöse uns von dem Bösen... Und von jeder Züchtigung durch die Verdienste deines vielgeliebten Sohnes, und führe uns und ebenso die Seelen im Fegefeuer in dein Reich der ewigen Herrlichkeit, das in dir besteht. Amen.

Inhaltsverzeichnis

Vorwort.. 5

1. Tag: Die Heilige Schrift 6

2. Tag: Die Lehre der Kirche 11

3. Tag: Die Überlieferung der Kirche................. 17

4. Tag: Das Gebet der Kirche............................. 22

5. Tag: Das Jenseits 27

6. Tag: Die Zerknirschung 33

7. Tag: Der Verlust Gottes 38

8. Tag: Das Läuterungsfeuer.............................. 43

9. Tag: Die langen Qualen 48

10. Tag: Das Unvermögen................................... 54

11. Tag: Die Liebe Gottes 58

12. Tag: Die brüderliche Liebe 62

13. Tag: Das Gedenken....................................... 68

14. Tag: Das Gebet.. 74

15. Tag: Die Eucharistie 80

16. Tag: Das Almosen 86

17. Tag: Das Leiden 91

181

18. Tag: Die frommen Werke 97

19. Tag: Der Ruhm Gottes 103

20. Tag: Die Liebe Jesu Christi 108

21. Tag: Die Güte Marias 113

22. Tag: Die himmlische Freude 120

23. Tag: Der Sinn des Lebens 126

24. Tag: Der klinische Tod 132

25. Tag: Erscheinungen von leidenden Seelen............................. 138

26. Tag: Das Gericht 146

27. Tag: Der Himmel 152

28. Tag: Die Bekehrung... 158

29. Tag: Die Barmherzigkeit 163

30. Tag: Die Nächstenliebe 168

Litaneien für die verstorbenen Gläubigen 173

Das «Vaterunser» der heiligen Mechthild................................... 176